3男1女東大理Ⅲの母
私は6歳までに子どもをこう育てました

Ryoko Sato
佐藤亮子

中央公論新社

はじめに

みなさん、はじめまして。佐藤亮子と申します。

私のことをご存じないという方でも、次の言葉には聞き覚えがあるかもしれません。

「子ども4人を全員『東京大学理科Ⅲ類（医学部）』に合格させた母」

テレビや新聞、雑誌などのメディアに出演するとき、必ずといっていいほどこのように紹介されてきました。そのため、私について回るイメージは「学歴至上主義のお受験ママ」。子どもたちにスパルタ方式で勉強をたたき込んで、無理やり東大受験させて、しかも理Ⅲを受けさせてよろこんでいる、鬼コーチのような受験ママ。

……そう誤解される方がいるのは、ある意味仕方がないことかもしれません。

でも、私がこの本で伝えたいのは、受験のノウハウや心構えではないのです。

今回お伝えしたいのは、「ゆるい子育て」。

0歳から6歳くらいまでの子どもたちと向き合うなかでの、ゆるくて楽しい子育てについて、です。

「ゆるい子育て？　あのお受験ママが⁉」

驚かれるのも無理はありません。でも、本当なんです。

たしかに「東大理Ⅲ」は日本最難関。毎年100人しか合格者が出ない、狭き門でもあります。「ゆるい」ばかりで合格できるわけがありません。締めるところは締めますし、守るべきルールはもちろんあります。

でも、子どもが小さいころから勉強ができることだけを求めるような、悲壮感漂う環境に身を置いても、お互いへとへとになって潰れちゃいますよね。

私が子育てのなかで一貫して最優先してきたのは、「子どもが笑顔で過ごすこと」。

いつも「どうすればもっと笑顔に過ごさせてあげられるだろう?」とばかり考えてきました。

そして、自分自身を笑顔にするためにも、しっかりと手を抜いてきました(笑)。元来の性格がちょっと適当で、おせじにも几帳面とは言えないものですから、「ま、いっか」のオンパレードだったんです。

でも、そのおかげで、子育て中はバタバタしても忙殺されることはありませんでした。子どもと過ごす時間がこころの底から楽しく、子どもがかわいくてかわいくて仕方がなかった! 毎日100%の笑顔で過ごせていたと、自信を持って言えます。

今回、6歳までの未就学児の子を持つお母さんに向けて本を書くことにしたのは、講演に来てくださる多くのお母さんたちが、勉強よりももっと「前段階」の子育てで悩んでいると知ったから。

どうやって接すればいいか悩んだり、「いいお母さん」でいようとして疲れてしまったり、周りの目を気にしすぎたり、子どもをよその子と比べて落ち込んだり……。

たしかに、0歳から6歳は、人生の基礎をつくる大切な時期です。そして、「学校」という社会に出る前、お母さんがもっとも寄り添えるときでもあります。ここでお母さんと交わしたコミュニケーションや、お母さんに身につけさせてもらった生活習慣は、子どもにとって一生モノのプレゼントになるでしょう。

だからこそ、「失敗しちゃいけない」と肩に力が入りすぎている方が、とても多いんです。そんなお母さんたちにほんの少しアドバイスするだけで、みなさんパァッと顔を明るくして帰っていかれる。その様子を見て、なにかお役に立てることがあるのではないかと、筆を執ることにしました。

肩の力を抜き、子育てを120％楽しむ。
振り返ったときに後悔しない。
子どもたちをめいっぱい大事にして、気持ちよく巣立たせる。

そんな子育てをするために、どうすればいいか。本書ではお母さんの「ゆるい心構え」から楽しみ方、そしてコミュニケーションの考え方や生活習慣を身につける方法まで、ぎゅっとお伝えしたいと思います。

さあ、子どもも自分もニコニコの6年間、楽しんでいきましょう！

佐藤亮子

目次

第3章　愛情が伝わるコミュニケーション

第4章 一生モノのプレゼントになる生活習慣

第5章　子どものためになる幼児教育、習いごと——129

カバー・本文画◎はるな檸檬
構成◎田中裕子（batons）
装幀◎國枝達也
カバー写真◎筒井聖子

3男1女東大理Ⅲの母
私は6歳までに子どもをこう育てました

第1章
「ゆるくて楽しい育児」の心構え

子どもがいる「不自由」を味わい尽くそう！

全国の小さなお子さんを持つお母さん、毎日お疲れさまです。

我が子の成長にワクワクする反面、バタバタの毎日に疲れることも、イライラすることも、「どんなふうに育てればいいんだろう」と悩むこともあると思います。

そんなお母さんたちにまず伝えたいのは、「子育てはとても楽しい！」ということ。

そして、「せっかくだから、子育ての醍醐味を味わい尽くしてほしい」ということです。

はじめに少し、自分の話をさせてください。

男の子3人に末っ子長女1人、計4人もの子どもを産んだ私ですが、じつは、長男を産むまではまったく「子ども好き」ではありませんでした。むしろ「子ども嫌い」なくらい。

だからというわけではありませんが、結婚してしばらくは、子どものいない生活を送っていました。夫と2人ののんびり過ごし、休みには国内外の旅行を楽しんで。

長男を産むことになりそうだとわかったときに、ちょうどイギリスに住んでいる友人の家に行くプランを練っていたところだったので、「ええ〜、今?」と思ったものです（笑）。

大人だけで生活していると、いろいろな物事が効率的に進んでいきます。「想定外」もありません。料理は段取りどおりに進められるし、10時に出かけようと思ったらきっちり10時に出かけられる。それが当たり前で、私もそんな

「大人ペース」の生活にどっぷり浸かっていました。

ところがいざ子どもを産んでみると、「想定外」ばっかりなんですよね。替えたばかりのオムツにうんちするし、何時間も抱っこしてようやく寝かしつけた……とベッドに置いた瞬間、「びえー！」と泣く。出かける直前にかぎってハプニングが起こる、なんて日常茶飯事です。

それまで時刻表どおりにくる新幹線で高速移動していたのが、渋滞続きでノロノロ進み、まったく時間が読めないバスに乗るような生活。そんな「子どもペース」にフラストレーションを感じ、ストレスを溜めてしまうお母さんも少なくありません。

でも、幸い、私はそんな生活にイライラしたり、「自由がほしいなあ」と思うことは一度もありませんでした。なぜでしょうか？

ガラッと変わった生活をとことん楽しんだから、です。

たとえば、子どもたちとお風呂に入っているとき。

子どもはほんの一瞬目を離したすきに大ケガをしたり、ときには命を落とすこともあります。ましてや、やんちゃ盛りの年子の男の子と一緒に入るとなると、常に危険と隣り合わせ。

ですから私は、お風呂で顔を洗うときは必ず「片手で左右半分ずつ」でした。片方の目で子どもたちをチェックし、なにかあったときすぐに手を差し伸べられるように。1秒たりとも空白の時間ができないようにしていたのです。

また、子どもたちに「ママ、ママ」と呼ばれたら、料理中でも必ず「なあに?」と応えていましたから、茹でている素麺《そうめん》がベチャベチャに丸まってしまうことが何回もありました。

――そうして半分ずつ顔を洗っているとき、丸まった素麺を捨てるとき、こう思うんです。

「これぞ、子育ての醍醐味！」

……という話をすると「佐藤さんは本当にポジティブね」と呆れられるのですが、考えてもみてください。いま自分は「子どもがいなかったら経験できないこと」を経験している。それって、まさに子どもを産んだよろこびそのものだと思いませんか？

こうした不自由は、子育てをしていると山ほどあります。

ゆっくりごはんを味わうことも、じっくりトリートメントをすることもできない。スカートもストッキングもはけないし（子ども靴のマジックテープでバリバリに伝線したことがあります）、トイレだって落ち着いて行けないんですから！

「面倒くさい」「不自由だ」「大変」……たしかに、そうかもしれません。

でも、自分の身体でなんとか10ヵ月間育て、がんばって産み、フーフー言いながら育てているこの子のおかげで、それまでまったく知らなかった新しい世界と出会えるんです。

子どもが産まれるまでの生活を引きずって、「子どもが大きくなったらあれをしよう」と未来に期待し、嵐が過ぎるのを待つ――。目の前にかわいい我が子がいるのに、こんな姿勢ではもったいない。

しかもね、「不自由」は本当に今だけです。４人の子どもに「これ以上ない」というくらい関わり、社会に送り出した私が言うのだから間違いありません。

だから合い言葉は、「これぞ子育ての醍醐味！」。

「こんな経験、人生ではじめて」「この想定外だらけな生活を味わい尽くしてみよう」と思うと、少しだけ前向きな気持ちになれませんか？

人を変えるのは、人との出会いです。せっかく子どもたちと出会ったのだから、「変わること」をポジティブに捉えてみてください。

今となっては、あんなに豊かな時間が二度と味わえないのが寂しいくらいですよ。だから、これからお子さんとたくさんの時間を過ごせるみなさんが、とてもうらやましい！

ぜひ、「子育ての醍醐味」を味わい尽くしてくださいね。

「自分の時間」を子どもの笑顔に替える

子育てをしていると、「100％自分の時間」はなかなか取れませんよね。だから、子どもがお昼寝したときや夜寝かしつけた後は、とても貴重な時間です。

でも、そこでついつい「あれもしよう、これもしよう」と欲張ってしまう方は、要注意！

たとえば録りためていたドラマを見ている途中、しかもクライマックスのいちばんいいところで子どもが起きてくる。大声で夜泣きする。きっとみなさん、「あーあ」とか「もう！」とネガティブな気持ちになりますよね？

私は、「子どもや子育てをストレスと感じるのは子どもに対して失礼だから、そうなる環境をなるべくつくらないようにしよう」と考えてきました。だって、子どもをこの世に産み落としたのはほかの誰でもない、私の勝手なんですから。勝手に産んで、「あーあ、邪魔されちゃった」なんて……ちょっと大人げないかなって思ったんです。

そこで私は趣味を封印し（次々に４人産んだのでそもそもそんな余裕もありませんでしたが）、「自分の時間」より「子どもたちと笑顔で過ごすこと」を優先。家事も、子どもがいないときと同じようなレベルを求めることはすぐにやめました（笑）。

とはいえ、子育て以外なにも「楽しいこと」がなかったかと言うとそうではありません。私の場合、娯楽は読書。子どもたちがお昼寝しているときや勉強している隣で、よく本を開いていました。

もともと活字は好きでしたし、本なら「ママ、お腹空いた」と呼ばれた瞬間「はいはい」とパタンと閉じればそこで終了です（ただ、ミステリーを読んでいてどうしても犯人が気になったときは、食事の支度をしながら片手で本を開いたこともあります）。

こうした「ながら趣味」がひとつあると、日常のいい息抜きになりますね。

「ママ、ママ」と求められる時期は悲しいかな、驚くほど短いものです。その貴重な時間に「あーあ」と思うのはもったいない！

ですから、「あーあ」と思ってしまいそうなことは、いっそしばらく封印してしまいませんか？　趣味に没頭する自分も、きれい好きな自分も。

子どもが大きくなり、手元を離れたら、また好きなように時間を使えるのですから。

てんやわんやでも、ただでは起きない！

子育てをしていると、「てんやわんや」な状況ってたくさんありますよね。そんなときにお母さんに必要なのは、「転んでもただでは起きない力」。

私の場合、長男と、1年半の年子で産まれた次男の「おっぱい取り合い合戦」が最初の関門でした。

次男が産まれたとき、長男はまだ1歳半。次男が産まれると長男もまた、寝るときにはおっぱいをほしがるようになりました。

するとやっぱりね、お互いが邪魔なんです（笑）。それぞれ左右のおっぱいを飲みながらけんかが始まるので、「おっぱいはふたつあるからね、一人ひとつね」と説得したり、お互いが見えないよう胸の真ん中に二つ折りにした座布団をはさんで「ついたて」にしたり、背骨に沿って丸めたバスタオルを敷いて左右のおっぱいが外に開くようにしたり……いま思えば笑える、涙ぐましい工夫をこらしていました。

しかしいちばん大変だったのは、長男が2歳2ヵ月、次男が8ヵ月の夜8時40分。

この時間になると鳩時計のようにぴったり、2人揃って「ギャー!!!」と泣き叫ぶんです。ぐわんぐわんと響くような声で、全力で。それも、毎晩。

寝ぐずりとおっぱいを独り占めできないもどかしさで、どうしようもなかったのでしょう。そうなると、両おっぱいをさらしている私の前で座り込み、これ以上ないというくらい大きく口を開けて「いらない！」と泣き叫ぶ……。

お母さんならこの大変さ、わかると思います。「子育ての醍醐味とはいえ、なかなか大変だ」と思いましたよ。

数十分もすれば泣き疲れて寝てしまうので「ま、いっか」なのですが、だからといって放っておくこともできないし……。

そこで私は、閃きました。パカーッと口を開けて泣く息子たちの歯を、入念にチェックする時間にしたんです！　奥歯や上の歯までよく見えるので、ここぞとばかりにのぞき込んで「磨き残しはないかな」「よしよし、きれいだな」って。

お母さんには、「転んでもただでは起きない力」が欠かせないんです。

講演会に来てくださるお母さんたちを見ていると、みなさん本当にまじめだなあと感じます。まじめだからこそ、悩みにどっぷりはまって深刻に考えてしまいがち。

この「夜8時40分事件」のエピソードも、「私だったらノイローゼになってしまうかも」「どうしてそんなにポジティブなんですか」と言われる（呆れられる？）ことがとても多いです。

でもね、どれだけ大変で、てんやわんやで、「もう無理！」と思っても、一生続くことってないんですよ。夜泣きがひどくても、離乳食がうまくいかなくても、トイレトレーニングがうまくいかなくても、成長するにつれ「いいあんばい」のところに落ち着いていきます。ほら、夜泣きがひどくて、なにも食べなくて、オムツをしてランドセルを背負っている子なんていないでしょう？

子どもは放っておいても着々と成長する一方で、戻ることはありません。現に、大変だった長男と次男の絶叫大合唱も数ヵ月で自然とおさまりました。いま思えば、あんなに私を取り合ってくれたのは、後にも先にもあのときの２人だけです（笑）。

子育ては、自分でも自分のことがよくわかっていない子どもが相手。深刻に悩んでも仕方がないことがたくさんあります。

ぜひ、ただでは起きない前向きさと、「ま、いっか」というゆるさを忘れないでくださいね！

きょうだいは、「みんな一緒」

きょうだいは、徹底的に平等に！　私、これに関しては「ゆるく」考えませんでした。

でも、平等ってむずかしいですよね。自分では平等にしているつもりでも、つい長男長女を優先したり、弟や妹を甘やかしたり……。そこで私は、ふたつのルールを掲げていました。

「役割を背負わせないこと」

「誰にも嫉妬させないこと」

これらは、きょうだいを育てるうえで絶対に守りたいポイントです。だから私は「お兄ちゃん」という呼称は一切使いませんでしたし、「お兄ちゃんだから大きいおやつ」といった特別扱いも絶対にしませんでした。

そう考えるようになったきっかけは、ふたつあります。

ひとつ目が、自分自身の経験。

私には5歳下に弟がいるのですが、基本的に両親は平等に育ててくれました。それでも、小さいころのたった一度の出来事が忘れられずにいるんです。それが、「ヤクルト事件」。

あるとき私と弟が家の庭で遊んでいると、母がヤクルトのような乳白色の飲みものをひとつ いただいてきました。「あ、飲みたいなあ」と思って見ていると、母がごく自然に「はい、どうぞ」と弟に渡したんです！ それを受け取り、ちゅーっと飲み干す弟。呆然とする私……。

食べものの恨みは怖いと言いますが、50年近く経った今も、あの情景は目に焼き付いています（笑）。

だから私、とくに食べものに関しては、一切不平等が生じないよう気をつけました。

お肉の大きさも、フルーツやおやつの数も、年齢にかかわらず常に同じ。まだ小さい子にとって多すぎる場合は、食べ足りないお兄ちゃんたちに譲っていく、というスタイルを取りました（複数のお兄ちゃんが立候補した場合は等分するか、それができないものは究極の平等「じゃんけん」です）。

もうひとつのきっかけが、まだ長男が産まれてすぐのころ、福井県の丸岡町（現・坂井市）で開催された「一筆啓上賞――日本一短い『母』への手紙」について新聞で読んだことです。

このコンクールは、徳川家康の家臣・本多重次が陣中から妻に宛てて送った「一筆啓上　火の用心　お仙泣かすな　馬肥やせ」という有名な短い手紙にちなんで、町おこしの一環で開催されたもの。ほんわかした手紙が並ぶなか、とある男性（44歳）の受賞作品を目にしたとき、強い衝撃を受けたのです。

「今でも弟の方が気になるかい。

もうどちらでもいいけど。

今はもういいけど。」


こんな「手紙」でした。

この方はきっと、「弟のほうがかわいがられている」という思いを消化しきれないまま、44歳まで生きてこられたのでしょう。大人になったから「もういい」と言えるけれど、小さいときは毎日どんな気持ちで過ごしていたのか。弟に向けられる親の笑顔を、どんな気持ちで見ていたのか。

弟のほうが甘え上手だったのかもしれないし、自分は長男だからと気を張っていただけかもしれません。でも、ほんの短い文章からにじみ出る寂しさ、あきらめ……。いまでもこの手紙を思い出すと、涙が出てきてしまいます。この手紙を読んだとき、「子どもには絶対、こんな思いをさせちゃいけない！」と強く誓ったのです。

子どものころを振り返ったときに、一点の曇りなく「楽しかった!」と思える。

いつか親がいなくなっても、きょうだい全員で仲良く集まる。

そうなるかどうかは親にかかっているんだな、と気づいたときでもありました。

「不平等」は、言い換えれば「差別」です。

親から受けた差別は、どんなに小さいものでも子どもに傷痕として残ってしまいます。

「ヤクルト事件」程度なら笑い話ですみますが、日常的に「お兄ちゃんだからガマンしなさい」「弟だからお兄ちゃんの言うことを聞きなさい」といった差別に触れさせていたら?……きっとどこかで「後遺症」が現れるでしょう。

とくに下の子が産まれると、上の子が大きなお兄ちゃん、お姉ちゃんに見えてしまうという方はとても多いです。

でも、本当はまだまだ小さい子ども。18歳までは、みんな等しく未熟なんです。

だから、いつも、みんな同じように。

これはぜひ、心に留めていただければと思います。

きょうだいげんかをどうおさめるか？

きょうだいげんかをどうおさめるかは、お母さんの腕の見せどころです。

どちらかの肩を持つことはもちろん、適当にあしらったり、強制終了させたりするだけでは絶対にダメ。子どもたちに不満が残ります。それが積もり積もると、お互いに「いけすかない存在」になり、きょうだい仲が悪くなってしまうのです。

たとえば夜にきょうだいげんかが勃発したとき、「近所迷惑だから静かにしなさい！」と言うのは簡単です。でも、これは警官がピーッと笛を吹くようなもので、親の力で服従させるということ。それでとりあえず黙ったとしても、2人にはわだかまりが残ったままでしょう。根本的にはなにも解決していないんですから、当然ですよね。

ですからお母さんは裁判官になり、「なぜけんかをしたの？」と双方から事情を聞きましょう。けんかしているということはそれぞれ怒っている理由があるわけでしょう？ それを聞いたうえで解決策を示し、納得させる。「調停」するわけですね。

たとえば「長男の『上から目線』の口調が気に入らなかった」という理由で次男が怒っていて、それがさもありなんと思ったら、

「その言い方は失礼だし、頭にくるよね。2人とも対等なんだからそういう言い方はやめなさいね」

と長男に注意する。次男からスリッパを投げつけられて長男が怒っていたら、「いくら腹が立っても、物を投げるのは絶対にやってはいけないことだよ。危ないし、争いが大きくなるだけでしょう」

と次男を諭してあげる……といったふうに。ただ折衷案を出すのではなく、腹が立っているポイントをあぶり出して解消する、というイメージですね。これは、子どもたちが何歳でも同じです。

忙しいときにギャーギャー言われると、「もう、やめなさい！」と一喝したくなることもあるでしょう。

でも、当事者である子どもたち同士では「調停」はできません。お互いが納得できるようにけんかをおさめる「名裁判」は、お母さんにしかできない仕事なんです。

ちなみに、夫はけんかのおさめかたが下手で、「夜中にうるさい、静かにしなさい！」と声をあげてしまうこともありました。仕事から疲れて帰ってきたときに言い争いの声が聞こえ、イラッとしたのでしょう。

もちろん、子どもたちにはそんなの関係ありませんから、猛反発。「父さん、いま近所は関係ないだろう、それじゃ解決しないだろう」と怒りの矛先が夫に向かっていきました（そこまでわかっているならけんかしなければいいのですが）。

私も一緒になって「お父さん、それは違うわ。弁護士なのに話も聞かずになにを言ってるの」と言うので夫はいじけていましたが……。

でもね、ここで「お父さんの言うことを聞きなさい」と言うのは大間違い！

世間には「お父さんを立てる」という考え方があります。「我が家でいちばんえらいのはお父さんだから、言うことはなんでも聞きましょう」と。

でも、そもそも無条件に「立てる」ほど立派な人間なんているのでしょうか。どんなにえらくて社会的地位がある年輩の人でも、間違えることはあるでしょう？

大切なのは「そのとき、なにを言ったか」。40歳のおじさんより2歳の子が正しいことを言っていたら、「2歳の子の言うことを聞こう」と考えるべきです。年齢も立場も関係ないんですね。

私は子どもたちにいつも、

「誰が言ったとしても、その意見が正しいと思ったら素直に『うん、そうだね』と言おうね」

「お父さんが言ったから、先生が言ったからガマンしよう、なんて思う必要はないよ。おかしいと思ったらおかしいと声をあげなさい。ただし、礼儀正しくね。言葉遣いや態度を崩したらダメよ」

と話していました。


……少し脱線してしまいましたね。

ともかく、きょうだいげんかは「また始まった」と思っても感情的に叱らないこと。冷静に話を聞いて、怒りの原因を明確にして、解きほぐしてあげてください。

サボらず言葉を尽くし、名裁判官を目指しましょう。

自分の親を教師&反面教師にしてしまう

「お母さん」という仕事には、マニュアルがありません。それまでの自分の人生――と言うと大げさですが、自分の経験や読んできた本や雑誌、自分が親にしてもらって「よかったな」と思うことや「嫌だったな」と思うことをすべて投入して、オリジナルのやり方を編み出していくしかないのです。

たとえば私は、両親にずっと「亮子ちゃん」と呼ばれていました。当時、周りでこのように呼ばれている友だちはあまりいませんでしたが、この呼ばれ方に「大事にされているなあ」というあたたかさのようなものを感じていて。それで、自分の子どもにも全員「ちゃん」をつけて呼ぶようにしたのです。

一方で、弟が産まれてから「お姉ちゃんなんだからガマンしなさい」と言われるようになったのも、弟とけんかしたときに「近所迷惑だから静かにしなさい」と言われたのも「嫌だった」記憶です。

「ちょっと先に産まれたからってずっとガマンするのはおかしいな」

「けんかの理由はちゃんとあるのに、頭ごなしに静かにさせるのはおかしいな」

と感じていたことを活かし、このような言葉は自分の子どもには一切言わないようにした、というわけです。

また、本や雑誌、新聞などの活字を読むことも、子育てにはおおいに役立ちます。

たとえば、新聞。新聞は社会や生活、経済やスポーツなど幅広いテーマを扱っているため、ただめくるだけでもいろいろな記事が目に入ってきます。そこで人生に影響を与えるような記事にたまたま出会うこともあるし、投書欄だって自分とはまったく違う人生を知るきっかけにもなります。

現に、私が「自分の子どもには『読み・書き・そろばん』の基礎をなるべく早いうちに身につけさせよう」と決めたのは、はるか昔、私が小学4年生のときのこと。新聞に載っていた、72歳になるある女性の記事を目にしたときでした。

その女性は、戦争やその後のゴタゴタで勉強する機会を奪われ、読み書きができないまま大人になってしまったそうです。商売で生計を立て、生活はできていたけれど、子どもたちが大人になったタイミングで夜間学校に入って文字を覚えようとした。ところが、「あ」の2画目が右にカーブするのか左にカーブするのか、なかなか覚えられない。結局、「あ行」だけで何ヵ月もかかってしまった——。

小学4年生の私は、大人がひらがなで苦労するということに心底ビックリしました。このとき、

「学ぶのに適切な時期を逃すと、基礎の基礎を身につけるのは大変なんだなあ」

と思ったのです。読み書きや簡単な計算は、学ぶのに苦労するようになる前に身につけることが大切なんだな、と。

私の教育の原点は、10歳のときにあるわけですね（笑）。

自分の人生経験を活かし、自分なりの育て方を編み出していく。

「お母さん」はいままでの人生がムダにならないおトクな仕事、と言えるかもしれません。

第２章

周りに振り回されず、ちゃんとラクをする

手を抜けるところは抜いてナンボ

子どもたちが幼稚園生や小学生のころは、「お母さんの手づくり品」を要求されることが多々ありました。バッグや三角巾、雑巾など、なぜか「お母さんが縫うこと」が前提となっていたのです。

そんなとき、私は迷いなく市販の雑巾を買い、バッグなどは母に縫ってもらっていました。ミシンは子どもが触ると危ないので押し入れにしまっていたし、糸と針でチクチクするような時間はとてもなかったのです。

また、夏休み明けには上靴を洗って持っていかなければならないのですが、夏休みの宿題でバタバタしている8月末。靴を洗う時間を節約するため、毎年新しいものを買っていました。新学期に買うと800円くらいする上靴も、シーズンオフの8月だと半額程度で買えたんですね。

もちろん、「お金がもったいない」という気持ちはありました。

でも、こういうところで「ちゃんとすること」にこだわってしまうと自分がイライラしてしまうし、下手をするとパンクしてしまうな、と思ったんです。

そうなると、子どもたちに「不機嫌のしわ寄せ」がいってしまうでしょう？

こうした手の抜き方は、一般的な「よいお母さん」ではないかもしれません。

でも、私はそれで「ま、いっか」と思ったし、子どもたちに後ろめたく感じたこともありません。

私だって時間が無限にあるのであれば手を動かしたと思いますが、現実には時間は有限だし、生活には優先順位があります。お母さんが「縫いものはしないけど、その時間で子どもとたくさんしゃべろう」と決めたら、それが「我が家の正解」なんです。世間の「よいお母さん像」にしばられ、あれもこれもがんばる必要はまったくありません。

いまだに日本には、「手をかけたほうがいいお母さん」という「神話」があります。手づくり料理に手縫いのアップリケ。そして、手縫いの雑巾……。

けれど、手をかけることと愛情は、まったく別の問題です。そうした「神話」に負けずに、自分流を貫いてください。

「一般的」や「世間」という言葉はお母さんを苦しめがちですが、思いきってスルーすると、子育てがぐっとラクになりますよ！

大切なのは、子どもも自分もニコニコで過ごすことなんですから。

……と言っている私ですが、じつは独身時代は「市販の雑巾を買うなんて親失格だ！」と思っていたこともあります（笑）。まさか自分が雑巾を買ったり上靴を洗わず買い替えたりすることになるなんて、思いもしませんでした。ですから、「母親こうあるべし」と言う人の気持ちもわからなくはないんです。

でも、実際にお母さんになってみてわかりました。

手を抜けるところは手を抜いてナンボ、です。

そうじゃないと、笑顔で子育てなんてできないですもん。昔の私のような人がギャーギャー言うことなんかに、耳を貸してはいけませんね。

子育て情報は、我が子オリジナルの方法を考える材料

いまのお母さんたちは大変だな、とつくづく思います。

なにが大変かというと、情報が多すぎること。私のころから眉唾モノの情報はたくさんありましたが、インターネットの登場によって、さらに「子育て情報との付き合い方」をよく考えなければならなくなっているように感じます。

情報過多の弊害は、大きくふたつ。

ひとつ目が、いい情報と悪い情報を見分けるのがむずかしいことです。

たとえば「離乳食」「○歳　発達」「トイレトレーニング」といった言葉で検索してみると、たくさんの情報があふれています。そこから信頼できそうな情報を見つけ出すのも一苦労だし、正反対の情報が錯綜していてなにを信じたらいいのかわからない……。こんな経験、ありませんか？

私はなにか知りたいことがあるとき、インターネットに頼る前に、まずは何冊か本を買って読んでみることをおすすめしています。少なくとも現時点では、インターネットより本の情報のほうが、著者や出版社など責任の所在がはっきりしていて信頼できるからです。

本屋さんに行くと『はじめてママ&パパの育児』や『はじめてママ&パパの0〜6才病気とホームケア』（ともに主婦の友社）といった本が並んでいますので、自分の目で中身を確認し、基本の1冊を選んでみてください。

ただし、子育て情報を得るときの心構えとしてまず持っておきたいのは、「子育てには『正解』はない」という開き直りです。

きょうだいを育てていらっしゃる方、身近に月齢・年齢の近いお子さんがいる方はとくに実感されると思いますが、子どもは一人ひとりまったく違う、オリジナルの存在です。夜泣きが激しい子もいればまったくしない子もいるし、おっとりしている子もいれば敏感な子もいる。身体の発達や性格だって、千差万別ですよね？

つまり、すべての子に通用する「正解の育て方」は、世界中のどこにもないのです。

ほら、大人だって、みんながやる気になる魔法の言葉はないし、私たちの家事能力やダイエットだっていろいろでしょう（笑）。たくさんの情報から、自分にとっての正解を見つけていくしかありません。

調べた情報や先輩ママ、保健師さんからのアドバイスがバラバラだったとき。最終的には、「うちの子には当てはまらないな」「うちの子にはこのやり方が合いそう」と、お母さんが判断していきましょう。

さらに、情報はものすごい勢いで移り変わります。

私が長男を産んだ1991年は、果汁を薄めたものやお茶などを早々に与える方法が主流でしたし、頭のかたちがよくなるということでうつぶせ寝が全盛期。赤ちゃん用品売り場には、うつぶせ寝用の布団ばかり並んでいました。

そう、いまとは真逆の「常識」がたくさんあったんです。いまの「常識」は最先端の研究結果かもしれませんが、それもいつ覆るかわかりません。

だからこそ、お母さんが子どもの様子を観察し、自分の頭で判断しなければならないんですね。

たとえば私は、果汁を嫌そうな顔で吐き出す生後3ヵ月の長男を見て、「この子にいま必要なのはすっぱい果汁じゃなくて甘いおっぱいだろう」と考え、しばらくは母乳オンリーを貫きました。

また、「こんなふにゃふにゃした子をうつぶせ寝させたら危ないのでは？絶壁のフランス人はほとんどいないから、頭のかたちは遺伝なのでは？」と考え、常に仰向けで寝させました。

情報は「自分の頭で考えて、納得できる答えを導き出す」ためのもの。鵜呑みにしてはいけないのです。

ちなみに、こうしてお母さんに「考えるクセ」がついていると、受験勉強に活かすこともできます。「問題の傾向や合格した子の勉強方法といった情報を仕入れ、それを子どもの学力や性格に合わせてカスタマイズする」――ね、まったく一緒でしょう?

「我が子のペース」があるのだから、よその子と比べない

情報過多のもうひとつの弊害が、ＳＮＳなどでよその子育てが目に入りやすくなっていることです。

いま、SNSでは我が子の成長日記を公開している人がたくさんいますよね。それを見て、

「あの子はもう寝返りをしたのに、うちの子はまだ……」

「あの子はレストランで大人しく座っているのに、うちの子は走り回ってばかり……」

と落ち込んでしまう人が多いのだとか。要は、よその子と比べてしまうんですね。

まずね、基本的に、SNSには「順調な子」しかいないと考えましょう。だって、成長に不安があったり大きな問題を抱えたりしている子のお母さんは、わざわざそれを公開しないでしょう？　SNSは「見て、見て！」という気持ちでやるものですから。

そしてなにより、子育てにおいて「比較」は百害あって一利なしです。それは、よその子とも、きょうだい間でも同じ。比べて幸せになることなんてひとつもありません。繰り返しになりますが子どもはオリジナルな存在ですし、と

くに小さい子どもの発達のスピードは個人差が大きいものです（あくまで経験値ですが、10歳を過ぎるとだいたい平均化されていく気がします）。

「よその子もかわいいな」とポジティブに思えないのであれば、SNSは見ない。そう決めたほうが、幸せになれます。それに個人的には、SNSでよその子を見るのであれば目の前の自分の子を見つめてあげてほしいな、と思うのです。

発達の話で言うと、じつは我が家の長男も6ヵ月健診のときに「発育に問題がある可能性がある」と言われました。

6ヵ月健診では赤ちゃんの顔の上にガーゼを落とし、手で払いのけるかどうかチェックする検査があります。このとき、ほかの子は上手にガーゼを外すのに、長男はじーっとしたまま。血相を変えた保健師さんに、「この子は発育が遅れているかもしれません。家で練習してください」と言われたのです。

「ええ？　顔の上にガーゼがあっても気にならない、のんびりした性格なんじゃないですか」

と言ったら、「そういう問題じゃない」と怒られて（笑）。意味があるのか疑いつつも、一応、家で練習してみました。

結局、1週間後には自分で払いのけるようになっていたのですが、練習の成果というより「成長が追いついた」といった印象を受けました。やっぱり、ただのんびりしていたのではないでしょうか。

一方で次男は、とても発育が早かったんです。1歳半健診のとき、保健師さんに「ワンワンとかブーブーといった言葉を話しますか？」と私が質問されたのに、息子が「あのね、ママの白い車で来たけど、犬はいなくって」と文章で返して驚かれたこともありました。

だからといって天才というわけでもなく（笑）、いまもおしゃべりですから、これもまた性格でしょう。

公文でも水泳でも、我が子たちと同じ時期に始め、どんどんステップアップしていく子もいました。でも、よほど圧倒的な才能を持つ子でないかぎり、コツコツ続けていればいつかどこかで並ぶものです。

スタートダッシュが得意なタイプの子もいれば、ラストスパートが得意な子もいます。

我が子は生まれ持った自分のペースでがんばるのですから、お母さんはそれをコントロールしようとする必要はありません。

よその子と比べても我が子が伸びるわけではありませんから、ただのんびり見守ってあげればいいんですよ。

離乳食、幼児食もがんばりすぎない

離乳食や幼児食づくりって……面倒ですよね（笑）。私は離乳食づくりや幼児食づくりも、「ま、これくらいでいっか」の連続でした。日々の負担にならないよう、「自分が苦にならないやり方」でこなしていたのです。

といっても、とくに離乳食は試行錯誤しましたよ。なんせ、ちょっとずつしか食べないのに、つくる手間はそれなりにかかるでしょう？　私もはじめはコツコツつくっていたものの、だんだんイヤになってしまいました。

そんなある日、スーパーに買い物に行くとレトルトの離乳食が目に入りました。プレーンなおかゆからトマト味のショートパスタまで、缶詰やパウチされたものがずらりと棚に並んでいる。冷凍食品も使ったことがなかった私でしたたが「これは便利そう！」と、とりあえず片っ端からカゴに入れて意気揚々と家に帰りました。

ところが食べさせる前に自分で食べてみると、まあ、おいしくない。たしかに一度おかゆをつくって、フリーズドライして、またふやかすわけですから、つくりたてよりおいしいはずがありません。当時はまだレトルトの技術もあまり高くなかったでしょうしね。

中にはそこそこおいしいものもあり、レシピの参考にはなりましたが、1週間かけてすべて使い切ったときに「うん、やっぱり自分でつくってあげよう……」と覚悟を決めたのでした。


そんなあるとき、大学時代の友人から電話がかかってきました。先輩ママでもある彼女に「離乳食をつくるのって大変ね」と言うと、

「そんなの簡単よ！　必要な食材をお味噌汁にぜんぶ入れて、あとはお湯で薄めれば大丈夫。それだけで栄養もバッチリ摂れるから」

と、とても心強いアドバイスをもらったのです（笑）。

食べさせたい野菜（ビタミン・ミネラル）や豆腐（タンパク質）、お米またはハサミで短く切った奈良名物の三輪素麺（炭水化物）などを入れてお味噌汁をつくり、子どもにあげる分だけお湯で薄める。

この「具だくさんお味噌汁スタイル」によって、離乳食づくりのハードルがぐんと低くなったのです（このように、2人以上子どもがいる先輩ママのアドバイスには本当に助けられました。1人目同士のお母さんが相談しても、「どうしよう、どうしよう」で終わってしまいがちですからね）。

また、料理本好きの私ですが、幼児食の本だけは「話半分」に読んでいました。だってニンジンが星形になっていたりして、「これ、誰が切るの？　なんのために？」と……。

もちろん料理本ですから写真映えも必要ですし、ニンジン嫌いなお子さんのための工夫という意味もあったのでしょう。

でも、「これはニンジンだ」と意識して食べさせなくても、お腹の中に入れば一緒です。私は「大切なのは栄養を摂ること」と割り切り、子どもが苦手な食材は細かく刻み、ハンバーグやカレーなどに混ぜて食べさせていました。野菜などは無理やり食べさせても、好きになるわけではありません。むしろ、お互いに食事がつらい時間になってしまうだけ。成長するにつれて味覚も変わり、自然と食べられるようになるものも多いのですから、子どもが小さいときに躍起にならなくてもいいんですよ。

食事は、離乳食を始めたら子どもが手元を離れる日まで、毎日食べさせなくてはならないものです。だからこそ、料理に対する心理的ハードルを低くするって大事だと思うんです。

おいしく栄養のある食事を、いかに疲れずにつくってあげられるか。気負わず、折り合いのつく「マイスタイル」を見つけてくださいね。

お母さんの仕事は「食事づくり」ではなく「食卓づくり」

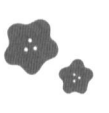

台所に立って背中を向ける時間より、子どもたちと向かい合う時間を多く取りたい――。

そんな思いもあり、食事づくりにあまり手間暇をかけなかった私ですが、その中でいくつかこだわりもありました。

- 「おふくろの味」を食べさせること
- 食事づくりをルーティン作業にしないこと
- 「いい雰囲気の食卓」をつくること

まず、「おふくろの味」。やっぱり私が死んだあと、「あの味はお母さんにしか出せないよね」と語ってほしいな、と妄想していたんです（笑）。

毎日バタバタしていたため、決して凝った料理をつくれたわけではありません。でも、6歳ごろまでは味覚を形成する大事な時期だと言われるので、店屋物やお総菜は使わない、食材や調味料の安全や品質に気を配るなどのこだわりは貫きました。

なかでも私が一番こだわったのが、「だし」です。鹿児島から塊のかつおぶしを取り寄せ、自分で削って、だしを取る。それで離乳食のお味噌汁から日々の料理までつくったのです。

……と、この話をすると、

「そんなに手をかけられない！」

「さすが佐藤さん、ストイック！」

と言われるのですが、大丈夫。食事をつくる前にかつおぶしを削り器にシュッシュッと滑らせるだけですから、意外と手間も時間もかからないんですよ。

しかも、だし以外の仕上げは適当でも、料理がおどろくほどおいしくなる！

いわゆる「コスパ」がいいんですね。

薄味でも旨味がものすごいので塩分を控えられますし、子どもたちもかつおぶしから取っただしと市販のだしでは、食べっぷりがまったく違いました。

我が家ではこのだしが、「おふくろの味」のベース。かつおぶし削り、本当におすすめですよ。


また、私は食事づくりがつまらない「ルーティン作業」にならないよう、趣味で集めていた料理本もうまく活用していました。

料理をつくる前、献立を考える仕事は、家事として目に見えないものの結構な負担ですよね。気づくといつも同じような料理ばかりになってしまうし、家族も自分も飽きてしまうし……。

そんなとき頼りになるのが、料理本。

「今日はなにをつくろう」と悩んだら、本を開いておいしそうなレシピを選び

（ときには子どものリクエストに応え）、書いてあるとおりの材料を揃え、手順どおりにつくる。

……一見ちゃんとしているようですが、「献立を考える」「自分で考えながら味付けする」という作業がなくなるため、気分的にはかなりラクなんです。

それに、同じ料理でも本によって味が違うので、子どもたちとのいいコミュニケーションにもなります。

「今日は小林カツ代さんのカレーよ」「この生姜焼きのコツはね……」など、食卓の会話も弾みました。子どもたちも「やっぱり栗原はるみさんは違うね！」などと言って楽しんでいましたし、ルーティンでは生み出せない新鮮な味付けを楽しめるので、日常の小さなイベントというか、いい刺激になったと思います。

そしていちばん大切なのが、「いい雰囲気の食卓をつくる」。

雑誌やＳＮＳで豪華な料理を見ると、プレッシャーに思うこともあるかもしれません。

でも、大切なのはお店みたいな料理を並べることではなく、みんながニコニコしながら食卓を囲むこと。その大前提として、お母さんが笑顔でいることです。

ですから食事は、あくまで自分が笑顔でいられる範囲でこだわればいいんですよ。お母さんが食卓で楽しそうにしていたら、子どもたちもきっと食べることが好きになってくれますから。

お母さんの仕事は、「食事づくり」ではなく、「食卓づくり」です。

そのためにどんな工夫をこらせるか、いろいろ試してみてくださいね。

おやつって本当に必要？

これはほとんど大人と同じような食事ができるようになってからの話ですが、我が家では「3時のおやつはナシ」でした。

なぜなら、もともとおやつは畑作業の間に食べる軽食がルーツだから。肉体労働をするわけではない現代の子どもたちに、砂糖がたっぷり入ったおやつは不要だろうと判断したのです。

それに、12時にお昼ごはんを食べ、3時に甘いおやつを食べ、7時に夕ごはんを食べる……。これって、まだ小さい子どもにはカロリーも糖分もちょっと多すぎるんじゃないかな? と思ったんですね。料理に使う砂糖の量もバカになりませんし、おやつを食べると食事の進みが悪くなるというお子さん、とても多いのです。

ただし、水泳など習いごとの前には、腹ごしらえが必要なときもあります。そういうときの我が家の「おやつ」も、「お菓子」ではありません。塩も振っていない小さなおむすびと、ちょっとしたおかず(から揚げやフランクフルト、卵焼きが定番でした)です。プレーンな味でもおいしいと思ってもらえるようお米選びにはこだわりましたが、そのおかげか、いつもうれしそうに食べていましたよ。

このように甘いおやつはほとんど食べない我が家でしたが、そのかわり、誕生日やクリスマスといったイベントのときには私が毎回ケーキを焼いていました。家の中が甘いケーキの香りで満たされると、食べる前から子どもたちはニッコニコ！　そのケーキを家族全員で囲んでお祝いするのが、佐藤家の恒例行事だったのです。

子ども4人に大人2人、それにイベントごともあるのでなんだかんだと毎月のように焼いていましたし、子どもたちが大きくなると2ホール用意しなければならなかったので、なかなか大変でした。

でも、子どもたちの笑顔は本当にかわいかったし、これからの人生で彼らはケーキの焼ける香りを吸い込むたびに、18歳まで過ごした我が家をほんわかした気持ちで思い出してくれるのではないか……とちょっと期待しています。

毎日のおやつより、イベントのケーキ。甘いおやつは「特別なもの」にしてしまいましょう。

ちなみに、私は子どもたちに、塩分の摂りすぎ予防のため、普段は塩なしのおむすびをつくっていました。でも、運動会や遠足などのイベント時には塩むすびにグレードアップ。もうそれだけで、子どもたちは大喜びでした。塩むすびで喜んでくれるなんていつの時代かという感じですが（笑）、娘なんて東大受験の直前にも塩むすびをリクエストしてきました。

おいしいお米を使ったおむすびは彼らにとって「うれしいもの」、塩むすびは「ごちそう」だったようです。

早生まれって本当に不利？　大変？　可哀想？

元気に楽しく「お母さん業」を漫喫するためには、「気にしても仕方ないことは気にしない」ことが大切です。

私がいろいろなお母さんからいただくご相談のなかで「気にしても仕方ないのに気になること」ナンバーワンは、なんといっても「早生まれ問題」。

1～3月生まれのお子さんを持つ多くのお母さんが、「落ちこぼれてしまうのではないか」「可哀想なことをしてしまったのではないか」と一度は心配になってしまうようです。

たしかに早生まれの子は4月生まれの子に比べたら身体も小さく、発達も遅れて見えます。とくに低月齢・低学年のうちは、その差は顕著でしょう。実際、

子どもたちが灘にいるとき、なんとなく聞いた話ですが「灘に入学する子は早生まれが少ない」ということ。

でも、これって不安に思っても仕方がないことだし、よく考えたら悩むほどのことでもないんです。

いつも私が講演で言っているのは、

「12月生まれの子のお母さんはあまり悩まないのに、1月生まれの子のお母さんは悩みがち」

ということ。冷静にカレンダーを見たら、12月25日と1月1日は1週間しか違いませんよね。それなのに、1月生まれのお母さんだけが深刻に考え込んでしまうんです。「早生まれ」という言葉に引っ張られ、必要以上に気になってしまうのでしょう。

それに、早生まれの子を持つお母さんは4月生まれの子と比べて不安に陥りがちですが、その間には8月生まれの子も11月生まれの子もいるわけです。我が子以外全員4月生まれなら不安になるのもわかります。でも現実にはグラデーションになっているのですから、「うちの子だけあきらかに落ちこぼれることはない」と言えませんか?

「理屈では理解できても、やっぱり心配……」

そんなお母さんは、アクションあるのみ! 勉強や習いごとを前倒ししてスタートさせましょう。

たとえば、幼児教育に取り組むとき。

「うちは3月生まれだからまだ2歳だし、3歳用の教材はまだ早いからもう少し待とう」

と月齢どおりにスタートしていては、いつまで経っても差が縮まることはありません。4月生まれの子と同じタイミング……いえ、それよりも早くはじめてみてはいかがでしょうか?

小さいころの幼児教育は、勉強というより遊びのようなものです。「早すぎるかな」と思っても、案外すぐにできるようになるものですよ。少しでも追いつくことができたら子どもの自信になるし、お母さんも安心できるでしょう。

ちなみに、「灘に入学する子に早生まれは少ない」の反証です。我が家の3兄弟は全員灘に合格しましたが、次男は3月30日生まれ。もう、生粋の早生まれなんです。4月2日生まれの同級生が誕生したとき、まだお腹の中にもいなかったわけですね。三男も2月生まれですが、2人とも、4月生まれの子との差が気になったことはありませんでした。

気にしても仕方がないことは気にしない！
心配だったら行動してみる！

これが元気なお母さんでいるポイントなんです。

いれば楽しいけど、いなくてもいい。それがママ友

最近、とくに「ママ友」という言葉に拒否反応を示すお母さんが増えているように感じます。メディアでも、ママ友によるイジメや付き合いの面倒くささなどにスポットライトが当てられがちです。私もいままでインタビューや書籍で「ママ友はいらない」と主張してきましたが、「気が楽になった」という声を多くいただくことからも、多くのお母さんが悩まれている様子が窺えます。

でもね、そもそも、ママ友に対してそこまで真剣に考えたり構えたりする必要はないんですよ。

「ママ友はいれば楽しいけど、いなくてもいい」と気楽に考えましょう。

私が言うところの「ママ友はいらない」は、「ママ友をつくってはならない！」ということではありません。だって、女性同士しょうもないことを言い合ったり情報交換したりするのは、楽しいですもん（笑）。いわゆる井戸端会議というやつでしょうか、私もおしゃべり好きですから、習いごとなどでほかのお母さん方と会って立ち話をするのはちょっとした楽しみでもありました。

必要なのは、「距離感を見極めること」です。

それまで仲良くおしゃべりしていても、ボスママがほかのお母さんの悪口を言い始めたり、派閥になって争ったり、そのせいで子どもが仲間はずれになったりしたら、すっと一歩引く。それができるような状態でいることが大切なんですね。

そこまで殺伐としなくても、ライフスタイルや金銭感覚が合わないときなども同じです。「自分とは違うな」と思ったら決して無理をして付き合わず、さりげなく距離をとりましょう。この身軽ささえ失わなければ、ママ友付き合いにおいて余計なストレスを感じることはありません。

忘れてはならないのは、「最終的には一匹狼でもいい」と思える強さ、覚悟です。

むやみに集団行動したりつるんだりしない姿を見せることで、子どもも周りに流されずに自分を貫く姿勢を学んでくれるはずです。

ママ友付き合いも親戚付き合いもそうですが、人と付き合うのはエネルギーや時間を使うもの。自分が使えるエネルギーも時間もかぎられているのですから、ムダ遣いはやめたいものですね。

忙しいお母さんたるもの、人間関係にとらわれている時間はありません。軽やかに渡り歩いていきましょう。

第3章

愛情が伝わるコミュニケーション

名前はいつも愛情たっぷりに呼ぶ

お子さんの名前を考えていたときのこと、覚えていますか？

どんな名前にしようか、どんな願いを込めようか、顔を見て決めようか——。

はじめて名前を呼んだときは、大切な宝物を手にしたようでしたよね。

そして子どもにとっても、名前は宝物です。……いえ、宝物にしてあげなければなりません。

子どもが「その名前を呼ばれることがうれしい」と無意識に感じるよう、お母さんはいつも愛情をたっぷり込めてその名前を呼んであげましょう。

たとえば、自分の機嫌によって子どもの呼び方を変えるのはＮＧです。

褒めるときには「○○ちゃん、いい子ね」と「ちゃんづけ」するのに、悪いことをしたときには「○○！　ダメでしょ！」と呼び捨てで叱る。――こうして親が感情のままに呼び方を変えたら、自分の名前がイヤになってしまいます。

また、29ページでも触れましたが、上の子を「お兄ちゃん」「お姉ちゃん」と呼ぶのも、私は反対です。だって、上の子を役割で呼ぶのに下の子を「弟」「妹」と呼ばないのは、会社組織のやり方と同じだから。上司のことは「部長」と呼ぶけれど部下のことは「平社員」と呼ばないのと同じ、でしょう？　無意識に、上下関係をあらわしているわけです。

さらに、名前の呼び方は、コミュニケーションにも強く影響します。

私は4人とも「名前の頭2文字＋ちゃんづけ」で呼んでいましたが、「ちゃん」をつけると自然と口から出る言葉も優しくなるというか、不思議と高圧的なものの言い方にならないんです。

つい叱りすぎてしまうという人、強い言葉を吐いてしまう人は、試しに「ちゃん」をつけて呼んでみてはいかがでしょうか？　少し、気分が変わるかもしれませんよ。

どんなときも名前を愛情たっぷりに呼んであげることは、子どもに「大事にされている」という実感を与えるはずです。

どうか、宝物みたいな素敵な名前を、大切に、大切に呼んであげてください。

絵本1万冊、童謡1万曲で「言葉の貯金」を

とくに子どもが1人目の場合、「なにをして一日過ごせばいいかわからない」「遊びのレパートリーがなく、すぐにネタが尽きてしまう」と途方に暮れ

てしまう方が多いようです。雨が続くと外にも出られず、時間を持て余してしまいますよね。

そんなとき、親子のコミュニケーションの道具としてうってつけなのが、絵本と童謡！

私は小さいころからたくさんの「言葉」を聞かせたいという思いもあり、「絵本を3歳までに1万冊読み聞かせること」と「童謡を1万曲歌うこと」を目標に設定していました（もちろんこれは「のべ」で、子どもが気に入った本や歌を何度も繰り返した数を含んでいます）。

膝に乗ったり、抱っこされたりしながら、4人とも一日中たくさんの言葉に触れていたと思います。

まず、絵本の読み方について。

「1万冊」と聞くと構えてしまうかもしれませんが、3歳までと考えると1日10冊のペースです。しかも絵本はページ数も文字数も少なく、あっという間に読めるものばかり。やってみるとまったく大変ではないんですよ。

コツは、朝起きたときにその日に読む絵本を10冊選んで積んでおくこと。いちいち迷わずにすっと読み聞かせに入れます。

また、絵本は「0歳児向け」「3歳児向け」など年齢で区切られているものが多いですが、気にする必要はまったくありません。

後の漢字学習や英単語の暗記にも言えることですが、「この年齢ではこのレベル」というのは、あくまで大人が勝手に決めた基準。3歳になった瞬間に読解力が上がったり、急に賢くなったりするわけではないでしょう？

「まだこの子には早いだろう」「理解できないだろう」、逆に「もう楽しめないだろう」と決めつけ、選り好みするのはもったいない！　0歳に3歳向けの絵本を読んでも、逆に3歳に0歳向けの絵本を読んでも楽しんでくれますよ。

ただ、1万冊をすべて購入すると財政破綻を起こしてしまいますから（笑）、我が家は図書館をフル活用していました。毎週末図書館へ連れて行き、「自分が読みたい絵本を持っておいで」と子どもたち自身に選んでもらって。

奈良市の図書館は1人6冊（今は5冊です）まで借りられたので、家族6人分で毎週36冊。見たこともなかった絵本とたくさん出会えて、私も楽しかったです。

そして童謡についても、妊娠中からCDを借りて予習していました。

「童謡を歌ってあげる」というと教育テレビ的というか、いかにも子ども向けでつまらないと思われるかもしれません。

でも、あらためて聴いてみると、古き良き日本の情景が描かれていたり、クスッと笑えたり、かわいい動物がたくさん出てきたり……。メロディも歌詞も美しく、よくできているなと感心してしまいます。

そんな世界に浸らせてあげたくて、我が家では車に乗るときも必ず童謡を流していました。夫は不満げでしたが、「ラジオやほかの音楽は子どもたちが巣立ってからいくらでも聴けるでしょう」と一蹴。

せっかくの機会ですから、童謡の美しさをぜひ楽しんでください。

また、こうして絵本を読み聞かせ、童謡を歌うことで、子どもの中にどんどん「言葉の貯金」もできていきます。

ただし、ただ言葉を聞かせればいいかというと、そうではありません。テレビやラジオをいくら一方的に聞かせても、「言葉の貯金」にはならないのです。大切なのはお母さんの声を聞かせること。お母さんとコミュニケーションをとって、はじめて「言葉の貯金」はできていくのです。きっと、お腹の中からずっと聴いていた大好きな声だからこそ、「ママはなにを言っているんだろう?」と耳をそばだてるのでしょうね（実際、子どもたちはプロのすばらしい歌声を流してもキョトンとしていましたが、私が歌うとキャッキャと喜んでいました）。

子どもが自分の中に貯めた言葉をおしゃべりにして発するまで、少し時間はかかります。でも、「わかっているのかな?」とお母さんが首をかしげつつ読み聞かせしたり歌ったりしている間にも、子どもはどんどん言葉を吸収しています。

いまのコミュニケーションがいつかのおしゃべりにつながると思うと、読み聞かせも歌も、より楽しくなりませんか？

「見た目は子ども、頭脳は大人」。だから子どもだましはダメ

「18歳までは未熟な存在。だから、親がすべての責任を持つ」——これが私の基本的な考えです。

しかし一方で、私は「子どもだからいいや」とごまかそうとする姿勢は取らないようにしようと考えてきました。

ウソをつくのも、その場しのぎで適当なことを言うのも、失礼なこと。

大人である自分がされて嫌なことは子どもにもしない、ということですね。

たとえば、「痛いの痛いの、飛んでいけ！」。

私、この声かけが大嫌いでした。だってこれ、いわば「子どもだましのウソ」でしょう？　そんなこと言ったって痛みは飛んでいくはずがないのにって。

もし子どもが転んで痛がっていたら、「飛んでいけ」ではなく、まずは「痛かったね」と子どもに寄り添い共感してあげることが大切です。そのうえで消毒したり絆創膏を貼ったりして、「しばらく痛むかもしれないけど、じきによくなるからね」と伝えてあげる。

このほうが子どもも安心するし、納得できますよね。コミュニケーションをわざわざ「子ども向け」にして本質をごまかさなくても、大人相手と同じように接すればいいわけです。

ほかにも、「鬼がくるよ！」「お化けがくるよ！」と恐怖で子どもを動かそうとするのも、ごまかしです。

別の理由で泣いている子に「お菓子あげるよ」「アニメ見ようか」と気を逸らそうとするのも、ごまかしです。

ごまかしは、子どもを幼稚に見ている証拠なんですね。

理解しているのかしていないのかわからない年齢だと、つい「コミュニケーションの手抜き」をしてしまいがち。でも、子どもはしゃべれないだけで、大人が思っているよりずっと「わかっている」んですよ。

私がこのように考えるようになったのは、長男が生後3ヵ月のころのある事件がきっかけです。

妊娠中から数ヵ月間美容院に行っていなかった私は、長男の首がすわり、母が手伝いに来てくれたタイミングで髪を切りにいこうと計画していました。当日は朝からルンルンでしたが、息子の様子がなんだかおかしい。このころはあやすと笑うようになっていたのですが、口を真一文字に結んでムスッとしているのです。

母と「なんだかいつもと違うよね」とヒソヒソ言っていましたが、「とにかく行ってくるわ」と美容院へ。まずシャンプーをしてもらい、これから乾かそうというとき。母から美容院に電話がかかってきたのです。

「しんちゃん（長男）が泣いて、泣いて、どうにかなっちゃいそうなの。早く帰ってきて！」

髪を切るどころかびしょびしょのままタクシーに飛び乗り、家に向かいました。

タクシーを降りると、長男のものすごい声が家の外まで聞こえています。はじめて耳にするその声の大きさに、もうビックリ！　慌てて玄関を開けると、息子を抱いた母が右往左往。息子の顔は真っ赤で、声も嗄れ嗄れでした。

しかし、靴を脱ぎ捨て、急いで息子を受けとったその瞬間。

スイッチが切れたかのように、ピタッと泣きやんだんです。思わず母と顔を見合わせました。

息子はきっと、私がいなくなることを雰囲気で感じていたのでしょう。でも、帰ってくることまではわからないから、不安になって号泣してしまったんですね。

この出来事から、「子どもは言葉で表現こそできないけれど、起こっていることを理解している」と学びました。だから適当にごまかすのではなく、きちんと向かい合って言葉で伝えよう、と。

それから私は、「これからなにが起こるのか」を常に言葉で説明するようになりました。

「明日は予防接種だよ。痛いかもしれないけど、健康で生きるために避けられないことだからガマンしようね」

というふうに。

その後、子どもが大きくなり、一緒に『名探偵コナン』を見ていたときにこんなフレーズが出てきました。

「見た目は子ども、頭脳は大人」

子どもってまさにそのとおりだな、と思うのです。

とにかくしゃべって、しゃべって、しゃべりまくる

子どもと親という密な関係であっても、「以心伝心」はありません。私たちは職人ではないのですから、「背中で語る」ことはむずかしい。言葉にすることをサボってはいけないのです。

私は子どもが0歳のときから、前述のとおり「これからなにが起こるのか」だけでなく、自分の考えもすべて言葉にして伝えるよう心がけていました。

たとえば『赤ずきんちゃん』を読み聞かせたら、読み終わったあとにこんな「ツッコミ」を入れるんです。

「オオカミがいるってわかっているのに、どうして赤ずきんちゃんをひとりでおばあさんのところに行かせたんだろうね？　危ないよねえ。お母さんだった

ら、絶対あなたたちと一緒に行くわ」

そう、「考えを伝える」といっても、むずかしいことを言う必要はありません。ただ自分が感じたことを言葉にして、子どもたちにシェアすればいいのです。

絵本を読んで思い出した自分の経験を「昔こんなことがあってね」と伝えるもよし。関連した別の話でもよし。

もちろん道徳の授業ではないので解説は不要ですし、「友だちは大切にしようね」「年輩の方は敬おうね」といった、「なんだか教育によさそうなこと」を言う必要はありません。むしろ、言わないほうがいい！　教訓めいたものは子どもが自ら感じ取るものですし、読むたびにいちいち親に説教されたら、絵本タイムも楽しくなくなっちゃいますから。

絵本を読むときだけではありません。お母さんは、普段からしゃべりっぱなしくらいでちょうどいいんです。

幼いときは、よくわからないながらも「ふーん」と聞いてくれます。

中高時代は、勉強中に「ねえ、聞いて聞いて」と言うと、「うるさいなあ」という顔をしながらも耳を傾けてくれました。

次第に「その話は100万回聞いたわ」と言われるようになるのですが、「あ、ちゃんと聞いていたんだな」と感心したものです（笑）。


ただ、「しゃべりっぱなしでいい」と言っても、私と違って口数が少なく物静かな方は、なにを話していいかわからないですよね。

そんなときは、新聞や本を活用してみてはいかがでしょうか？　活字から、「話のネタ」をいただくのです。私自身、新聞を開きながら「ねえ、聞いて聞いて。こんな記事があるんだけど、お母さんこう思うんだよね」と一日に何回も言っていたように思います。

本を読んだときも同じで、感動をそのまま語ればいいんです。私は推理小説を読み終えるたびに、

「ねえ、聞いて聞いて！　犯人は誰々だったんだけど、動機はこうこうだったんだよね。やっぱり小さいときにこういう感情を抱くと心に傷が……」というふうに熱く語っていたので、子どもたちには「ちょっと、犯人、言う？」とブーブー言われていました。

子どもたちは18歳で巣立ってしまいます。どんなにかわいくても、ずっと一緒にいられるわけではありません（いつまでも自活しないのは困りものですしね）。そして、自分もいつ死んでしまうかわかりません。

ですから私は、表も裏も秘密も一切なし！　自分の頭の中をすべてオープンにしていたと言っても過言ではありません。

それにね、こうしていろいろなテーマでたくさん話していると、いざ受験や進路などのまじめな話も普通にできるんです。たとえば受験のとき、「どこを受けるつもりなの？」といった大事なことほど子どもに聞けないというお母さん、案外多いんですよ。

まずは、「なにを考えているかわからないお母さん」にならないこと。オープンなお母さんの姿を見ることで、子どもも安心して自分のことを伝えてくれるのかもしれません。

『クレヨンしんちゃん』も「うんち」も避けない

意外に思われるのですが、私、『クレヨンしんちゃん』が大好きでした。「子どもに見せたくない番組第1位」に選ばれたこともあるこのアニメ、その理由は主人公しんのすけ君の言動が下品だと思われるからでしょう。しんのすけ君はおっぱい大好きだし、意味もなくお尻を出すし、下ネタばかり口にするし……。

でもね、私は下品だと感じたことがないんです。子どものお尻ってかわいいし、子どもがおっぱいやお尻が好きって普通のことですよね？

なにより、おっぱいもお尻もうんちも、人間には欠かせないもの。「そんなこと口に出しちゃダメ！」と否定するのは、かえっておかしいような気がしたのです。

とくに、私は「うんちは人間にとって大切なもの」だと思っていました。きっかけは、五味太郎先生の『みんなうんち』（福音館書店）という絵本。１９８１年に発行された古い絵本ですが、はじめて読んだとき強く感動したのです。

「大きいぞうは、大きいうんち。小さいねずみは、小さいうんち。さかなも、とりも、むしだってうんちします。いろんな動物が、いろんな形、いろんなにおいのうんちをします。いきものは食べるから、みんなうんちをするんだね」

……というようなお話でした。

絵もかわいくて、ユーモアいっぱい。でも、本質的なメッセージがなげかけられていて「ああ、そうだよね、生きているからうんちするんだよね」とじーんと来たのです。

うんちを自分の意思で出して、自分で処理できるのは、赤ちゃんのオムツが外れてからと、老人になって寝たきりになるまでの間だけ。最初と最後は、人に面倒をみてもらうしかありません。

でも、自分の意思で出して自分で処理できないにしても、生きている以上うんちは出てきます。そして、生きていることは、それだけですばらしいこと！ですから、オムツが外れないことや人の手を借りないと排便できないことをネガティブに捉えてはいけないな、とあらためて感じたのです。

この絵本を読み聞かせるたびに、子どもたちには「人間のうんちってね、最初と最後は……」と話していました。あまりに毎回だから、「またママが同じこと言ってる」という顔をしていましたが。

生物として当たり前のことを、茶化したり避けたりしない。

「一般的に下品と思われるようなものも、人間にとって大切なものなんだよ」というメッセージを伝えることで、子どもたちも無意識に「生きること」を肯定的に捉えるようになるのではないか、と思うのです。

「お母さんだからなにを言ってもいい」は間違い

子どもは小さければ小さいほど、気を遣っていねいに接してあげましょう。決して子どもを「上から目線」で抑圧してはいけません。

子どもが何度も注意したことをやったり、ひどい態度を取ったり、あまりに悪い点数を取ったりしたとき。ついカッとなり、感情のままに

「何度言えばわかるの！」
「なんで言うことが聞けないの！」
「なんでこんな点数取るの！」

といった強い言葉を吐きたくなることもあるかもしれません。

でも、ちょっと考えてみてください。目の前の子どもがとなりの家の子だったら、同じように声を荒らげるでしょうか？

……ほとんどの方が「言わない」と思います。おそらくもう少し気を遣って、どのように声をかけるか考えてから口を開くでしょう。

つまりこれって「よその子には言わない言葉も、自分の子どもには言っていい」と判断しているということですよね。自分の子どもだから多少きついことを言ってもいいだろう、と。

でもね、「お母さんはなにを言っても許される」は間違いです。お母さんは自分の子どもに責任を持っているからといって、えらそうにしていいことにはなりません。

子どもは、家の中で圧倒的に「弱者」です。身体は小さいし、経験は足りないし、お母さんが面倒をみてあげないと死んでしまう存在でしょう？　だからこそ、強い立場をより強調するようなものの言い方は考えもの。

こちらがあきらかに強い立場なのですから、逆に、子どもに気を遣ってしゃべるくらいがちょうどいいのです。

「気を遣う」という言葉には、抵抗があるかもしれません。

しかし、言葉は諸刃の剣です。子どもに愛情を伝えることができる一方で、傷つけ、やる気を奪い、才能を潰すことも簡単にできます。

ですから、カッとなったときもぐっと言葉を呑み込み、「いまからかけようとしている言葉は、となりの子どもにも同じようにかけられるか？」と頭の中でフィルターにかけてみましょう。

もし命にかかわることでふざけていたら、よその子でも「やめなさい！」と強い口調で叱るでしょう？

でも、ただふざけて言うことを聞かないときは、落ち着いて説得するでしょう？

感情のまま言葉を吐くのではなく、どのように声をかけるか、その言葉によって子どもはどう感じるか、想像する習慣をつけてみてください。

それにね、これらの習慣を身につけるのは、お母さん自身のためにもなります。ちょっとやそっとのことではイラッとせず、自分をコントロールできるようになると、ほかの誰でもない、自分がラクになりますから！

「自分を変えるトレーニング」としては、一筋縄でいかない子育てがいちばん効果的です。ほんと、子育てって一石何鳥にもなりますね。

甘えさせると「甘やかす」の違いは？

みなさんもいままさに実感していると思いますが、子どもはものすごいスピードで成長します。ふにゃふにゃで生まれた我が子も、数ヵ月経ち、1年経ち、3年経つと、生まれたときとはまるで違う生き物になっているでしょう。

でも、忘れないでください。身体が大きくなっても、子どもは子ども。

そして子どもって、「甘えたい生き物」なんです。

だからまずは6歳まで、とことん甘えさせてあげましょう！

「抱っこして」と言われたら抱っこしてあげて、「ママ」と呼ばれたら、なにをしていても「なあに？」と笑顔で応えてあげる。子ども最優先で、甘えたい気持ちをできるだけ満たしてあげてください。

と、このように講演会でお話しすると「子どもの言うことをすべて聞いたらわがままに育ってしまうのでは……」と相談をいただくことがありますが、私の答えは「大丈夫！」。

子どもが甘えてくるのは、親に対して信頼感があるからです。大人同士だってそうですよね。信頼していない上司には絶対に甘えたくないでしょう？

子どもがとことん、自信を持って甘えられるのは、お母さんだけ。

それだけあなたが子どもの心の核になっているということです。

もし子どもがわがままになってしまうとしたら、それは「甘えさせる」と「甘やかす」の線引きがあいまいになってしまったときでしょう。逆に言えば、この違いさえ見極めれば、子どもがお母さんをしもべのように扱うということにはなりません。

甘やかしは、たとえば「お菓子がほしい！」と駄々をこねる子どもに、言われるがままお菓子を買い与えることです。「ママ、抱っこして！」と違い、その発言には「お母さんに甘えたい」という気持ちはありませんよね。ただの欲求であり、わがままです。

そういうときは子どもをたしなめると同時に、いままでわがままを許して甘やかしてしまったことはなかったか、大人しくしてほしいときにモノを与えてごまかしたことがなかったかなど、自分のやり方を振り返ってみてくださいね。

人間、大人になると、なかなか全力で甘えることはできません。親元にいる間くらいは存分に甘えさせてあげて、あたたかい気持ちで羽ばたかせてあげましょう。

成功体験をたっぷり積ませてあげる

私が子どもたちの習いごとや学校、部活の準備をすべてやってあげていたと言うと、「それは甘やかしでは？」と言われることがあります。

でも私は、習いごとや学校に忘れ物をしないことは、子どもの自己肯定感を育むうえでとても大切だと考えていました。甘やかしではなく当然のサポートだ、と。

忘れ物をすると、先生に怒られます。友だちの前で叱責されれば落ち込みますし、レッスンや授業を受けることもままなりません。必ずしも上手に叱ってくれる先生ばかりではありませんし、幼い子がわざわざ惨めな気持ちになる必要はないと思うのです。

まだ未熟な子どもなのですから、「あなたが忘れ物しようとお母さんは知らないよ」なんて突き放すのはちょっと可哀想。せっかくの子ども時代、楽しく過ごせるようサポートしてあげませんか？

「なんでもやってあげると自分のことを自分でできなくなるのでは？」

そう不安に思われるかもしれませんが、男女関係なく、人間、やる必要に迫られればやるものです。私が手を出しまくっていた子どもたちも、上京後は授業の準備から部活の長期合宿の準備まで、まったく問題なくこなしていました。

それに、忘れ物をするかどうかは生まれ持った性格が大きいと思うんですよね。同じように育てたはずですが、長男は忘れ物などしませんし、次男はいまだに忘れ物が多いみたいですから（笑）。

また、「失敗して叱られる経験が打たれ強さを育む」という人もいますが、私はそうは思いません。極端なことを言えば、怒鳴り散らされて育った子のほうが怒られずにのんびり過ごした子より精神的に強いかというと、必ずしもそうではないからです。

むしろ、子どものころに叱られた経験は、心の傷になることはあれ、糧になることはあまりありません。それより「君は忘れ物がなくてすばらしいね！」と褒められ、成功体験を積むことのほうがよっぽど糧になる。「自分は大丈夫」という自信につながります。

子どもたちも大人になり、社会に出れば、いやでも山ほど失敗するでしょう。叱られ、責められ、眠れない夜を過ごすこともあるかもしれません。

そのとき、たくさんの成功体験や自己肯定感を抱えているほうが、「自分は大丈夫！」という精神的な支えになる。いち早くリカバリーできるはずです。

ニコニコ、のびのび、褒められながら育つ。この経験が子どもを「強い大人」にするのです。

第４章
一生モノのプレゼントになる生活習慣

「歯」は一生モノだから、お母さんの仕事

子どもが産まれてから小学校に入るまでの6年間は、本当に「あっ」という間に過ぎてしまいますし、取り戻すことができません。

そんな貴重な時間のなかでまず身につけたいのは、「歯みがき」「箸の持ち方」「鉛筆の持ち方」の正しいやり方。こうした「あとで直すのが大変なこと」だけは、ゆるさ禁物です！

とにかくはじめが肝心なので、6年間でしっかり身につけさせてあげましょう。

まず、歯について。

とくに永久歯は、一度生えてきたら一生使い続けなければならないものです。

しかも、噛むことは食べることですから、健康の要にもなる。

つまり、「すごく大切なのに替えがきかないもの」ですから、どんなに大切にしすぎても、やりすぎるということはありません。乳歯の先端がちらっと見えてきたときからていねいにケアしてあげましょう。

とくに、毎晩の歯みがきはお母さんの仕事です。私は、毎日の歯みがきを4人の子どもたちに20分ずつ、12歳になるまで続けました（ここまでやりきったものですから、今でも彼らのピカピカの乳歯は捨てられずにいます）。

ひざ枕をして寝かせたら、唾液をタオルで吸わせながら隅から隅までみがき上げる。歯の隙間にはデンタルフロスをかけ、仕上げにフッ素を塗る。泡が立つと奥が見えなくなるので、歯みがき粉はつけませんでした。

子どもは不器用ですし、面倒くさがりですから、歯ブラシでシャッとなぞって「みがいたよ！」と言うものです。でも、それで「ま、いっか」と思っていると、あっという間に虫歯ができてしまいます。

毎日のことですから大変だと思いますが、なんといっても歯は「一生モノ」

です。歯みがきの習慣が定着するまでは、じっくり付き合ってあげましょう。

また、前歯が2本揃ってからは、3ヵ月に1回の歯科検診が我が家の「恒例行事」。毎日みがき上げても汚れはどうしてもたまりますから、プロにチェックしてもらい、きれいにしていただきました。

ですから、子どもたちにとって歯医者さんは「歯をみがいてもらうところ」であり、「痛い治療をする怖い場所」ではなかったようです。歯医者を嫌がることもありませんでしたし、むしろ、待合室のおもちゃやその後のごちそう（↓114ページ）もあり、検診に行く日を指折り数えて楽しみにしていましたよ。

今振り返っても歯に関しては「よくやったな」と自分でも思うのですが（東大理Ⅲに全員合格したことより、歯がピカピカなことのほうが誇らしいくらい！）、おかげで「歯を大切にする」という習慣は子どもたちにしっかり身についたようです。歯みがきの後は、どんなにおいしそうなお土産を夫が持って帰ってきても、決して口にしませんでしたから。

子どもに歯みがきの習慣をつけるのは、とにかく自我が芽生える前がベスト。我が強くなってからなんとかしようとしても、「イヤイヤ！」となってしまう子が多いんです。

歯みがきにかぎらず、大切な習慣は、子どもが意識する前に身につけさせる。

これができると、お互いにとってもラクですよ。

箸と鉛筆の持ち方は、ママの目が黒いうちに

「歯」と同じく、「箸の持ち方」も最初が肝心です。

私はいつも「お箸を正しく持てるようにならないと家から出さないよ」と口うるさく言い、子どもたちがおかしな持ち方をしたら「ママの目の黒いうちに直そうね」と必ず注意していました。

もちろん、小さい子どもはまだ手もうまく動かせませんから、なかなかうまくはいきません。教えるほうにも根気がいるので、「とりあえず持てるようになればいいや」と手を抜いてしまいたくもなります。

でも、この「ま、いっか」も子どものためにならないんです。最初におかしな持ち方を許してしまうと、それはその子のクセになってしまうから。一度身についたクセを直すのはとても大変です。それに、なんとか直したと思っても、気を抜いた瞬間にふと出てきてしまいます。

また、箸の持ち方だけでなく、渡し箸や迷い箸といったタブーや食事全体のマナーについても、「目が黒いうち」に教えてあげましょう。間違ったマナーは目立つ一方で、よほど深い関係でないかぎり指摘してもらえません。ほら、テレビで芸能人がおかしなお箸の持ち方や食べ方をしていると目につくし、残念に思うでしょう？

そしてこれは、お母さんにとってもマナーを振り返るいい機会！

私は自分が身につけているマナーが本当に正しいのか自信がなかったので、妊娠中にマナー本を読み直し、せっかくだからと「日本箸文化協会」にも入会しました。しっかり復習をしたことで、子どもたちにも自信を持って教えることができましたよ。

鉛筆に関しても、子どもたちが1歳で公文に通いはじめたときから正しい持ち方を教えましたし、鉛筆に差し込むタイプの補助道具も片っ端から買いました。

しかし……我が家の次男は鉛筆がどうしても正しく持てず、いくら直しても集中するとおかしな持ち方をするように。気がついたときはその都度シャーペンの先（もちろん芯は出していません）で手をツンツン突っついていたのですが、根本的には直らず、いたちごっこ。常に正しい持ち方ができるようになったときは、小学3年生になっていました。

また、持ち方が悪かったわけではないのですが、三男は兄2人に比べて筆圧が強くなってしまいました。そのせいで消しゴムで消してもきれいに消せなかったり、スピードに乗って問題を解けなかったりと、中学受験でも苦労するはめに……。

単なるマナーの問題だけではなく、勉強が得意になるためにも最初が肝心なのですね。

繰り返しになりますが、「歯」「箸」「鉛筆」は一生モノの習慣です。そしてこれらは、はじめに苦労したほうが、トータルで見るとずっとラク。

子どもが6歳になるまでのお母さんのミッションと腹を決め、しつこく、根気強く身につけさせましょう。

「ハレ」と「ケ」でメリハリをつける

「しっかり育てなきゃ！」と思うと、つい「あれもダメ、これもダメ」となりがちです。まじめで愛情深いお母さんほど、いろいろなことに神経質になってしまいますよね。お菓子やジャンクフード、テレビに夜更かし……。

でも、徹底して「ダメ」ばっかりも可哀想。親が与えたくないものって、子どもの好きな物・ことだったりしますからね。子どもの笑顔を見たい親としても、悩ましいところでしょう。

そこでおすすめなのが、「ハレ（＝非日常）とケ（＝日常）」のメリハリをつけること。日常的には、ダメ。でも、誕生日などのお祝いごとやイベントがあるときには、盛り上げて、満喫させる。「祭り」のようなイメージですね。

たとえば我が家は、3ヵ月に1回歯医者で検診を受けたあと、普段（「ケ」）は絶対に行かないマクドナルドやケンタッキーといったファストフードのお店に行くのが恒例行事でした。「今回も虫歯ゼロだったね！」とお祝いする、「ハレ」の日です。

歯医者できれいにみがき上げてもらったあとなので少しもったいないのですが、3ヵ月に1回のファストフードを食べるときの子どもたち、いい笑顔をするんですよ。みんな「次はモスバーガーかな」「いやいや、やっぱりケンタッキーだよ」と盛り上がっていました。

ほかには、「ケ」では甘い飲みものは一切飲ませませんでしたが（「水飲みに育てよう」を合い言葉に、飲みものは基本的にお茶や牛乳ではなく水でした）、誕生日やクリスマスなどの「ハレ」の日には炭酸ジュースを出しました。

「ケ」では生活リズムをしっかり整えていましたが、私の母が遊びに来ているときなど「ハレ」の日は夜更かしもOKにしていました。

逆に、子どもたちにどうしても見たいテレビがあると言われたときは、意識的に「ハレ」の日にしました。バスケットにお菓子やジュースを入れ、きょうだいみんなで普段はほとんど使わない2階のテレビ部屋に行くのです。

あれもこれも禁止ばかりだと、親は安心かもしれません。でも、子どもは息が詰まってしまうし、つまらないですよね。

それに、普段まったくお菓子を食べさせてもらえない子が、幼稚園や友だちの家でお菓子が出ると目の色を変え、横取りしたりがっついたりしてしまう……という例を耳にしたこともあります。あまりにがんじがらめな生活を送っていると、反動も怖いんです。

だからここは発想を変え、親が子どもにあまり与えたくないものは、子どもをワクワクさせる演出に使ってしまいましょう！

たまに食べられる、たまに経験できるからこそ、「うれしい！」「おいしい！」「楽しい！」の満点の笑顔を引き出せるのですから。
100％禁止するでもなく、なんとなく与えるでもなく。
子どもをよろこばせる「隠し球」として活用してはいかがでしょうか？

「画面漬け」には気をつけて！

テレビやスマホなどの「画面」、ズルズルと長時間見せていませんか？
とくに子どもが0～6歳の間は、「画面」との付き合い方をよく考えてみてほしいと思います。

というのも、「画面」は依存性、中毒性がきわめて高いものです。大人でも、テレビやスマホを見ていたらあっという間に時間が経っていたという経験は多くの方があるでしょう。
ましてや子どもはまだ理性や自制心も育っていませんから、次々にうつり変わる刺激いっぱいの世界を知れば、どうしてもそちらに流されてしまう。人と話すより「画面」を見るほうが楽しくなったり、コツコツとした忍耐強さが必要なこと（勉強や反復練習など）で踏ん張れなくなったり……という恐れもあるのです。

このように言うと、「これからの時代を生きる子どもはテクノロジーになじむべきだ」「時代錯誤なことを言うな」と反論されることもあります。

おっしゃることはわかります。たしかにいまは小学校でもプログラミングが必修化される時代ですし、これからは機械と共存する時代になるのでしょう。でもね、だからこそ人間は、感受性や想像力といった「高い人間性」を大切にしていく必要があると思うんです。もう、そこにしか「人間の仕事」がなくなるのですから。

そして０～６歳は、その「人間性」を育む大切な時期です。人への信頼感や他者に対する優しさ、自己肯定感といった人間性の根っこは、この６年間を土台として育ちます。

この土台をつくってあげられるのは、人間だけ。

お母さんであり、お父さんであり、身近な大人だけなんです。

そんな時期に子どもが機械（画面）と人間、どちらとより多く触れあうべきかは……あきらかですよね。人とのコミュニケーションが子どもを豊かに育てるのは、20世紀でも21世紀でも同じです。

ですから、せめて６歳、できれば12歳までは「画面は見せない」と腹をくってはいかがでしょうか？

テレビをリビングに置かない、子どもを静かにさせておきたいときにＹｏｕＴｕｂｅなどの動画でごまかさない（そういうツールに頼らなければならないシチュエーションにならないよう注意する）など、工夫をこらす。どうしても見せなければならないときは、「ハレ」の日の演出にする。

基本は「ゼロ」にして、例外がある場合も子どもが混乱しないよう、一貫性を持ってルールを決めましょう。

もちろん、お母さんも、子どもの前ではできるだけスマホは使わないでくださいね。スマホをいじるのは子どもが幼稚園や保育園に行っている間、もしくは寝たあとと決めてしまいましょう。

慣れるまでは大変かもしれませんが、それも依存している証拠。それに、「あなたはダメだけどお母さんは大人だからいいのよ」、なんて子どもには通用しませんから。

我が子の「体調が崩れるサイン」を見逃さない

さっきまで元気だったと思ったら、いきなり高熱を出し、ぐったりする――それが子どもですよね。

小さい身体で苦しそうにする姿は、見ているだけでもつらいもの。それに我が家は4人きょうだいでしたから、ひとりでも具合が悪くなるとぐるぐる回り大惨事！　ということで、体調はいつも慎重にチェックしていました。

その大切なサインのひとつが「うんち」。私、オムツの中のうんちはもちろん、トイレでできるようになってからも、一切自分でうんちを流させませんでした。「ママ、出たよ！」と呼んでもらうんです。

なぜうんちかというと、当時読んだ本に、「子どもは熱を出す直前に少しだけ便がゆるくなる」と書いてあったから。医学的な根拠はわからないのですが、長男が産まれて実際にチェックしてみると、たしかにそのとおり。うちの子にはぴったり当てはまったんですね。

そこで、「絶対にうんちは流しちゃダメよ！」と言い、トイレのたびに必ずチェック。もちろん「外でトイレをしたらちゃんと流すんだよ」と教えていましたが、小学2年生くらいまでうんちチェックは怠りませんでした（ちなみに、私も子どもたちも家ではトイレのドアは閉めませんでした。なにかあったときにすぐ駆けつけられるように、です）。

少しでもゆるいと思ったら、その日はお風呂に入れなかったり、厚着させたり、いつもよりたっぷり寝かせたり……。初期段階で気をつけたおかげで、風邪が悪化することは少なかったほうだと思います。

ただし、これはあくまでうちの子の場合。自分の子どもが体調を崩す前にどんな傾向があるか、サインを見逃さないよう、よく観察して対処してあげましょう（「二重の幅が広くなる」という子も多いようですね）。

また、冬はインフルエンザが怖いので、なるべく人混みには連れていかないよう気をつけました。

とはいえ幼稚園に通っていると、どうしても病気をもらってくることはあります。はじめは私も未熟で、また子どもたちを預けられる人もいなかったので、誰かが高熱を出すと全員引き連れて病院に行っていました。すると先生から、「佐藤さんね、インフルエンザは特効薬もないし（当時）、ほかの子にうつるだけなので、連れてこなくていいです。３日間熱が下がらなかったり、容体が急変したり、『あれ、おかしいな』と思ったら救急車で来てください」

と言われてしまいました。そう、冬場の病院は鬼門なんですね。

こうしてお母さんにすべてが委ねられているときは、とにかく記録を取ることが大切です。

体調を崩したら1時間ごとに。39度を超えたら15分ごとに熱を測り、ノートに記録する。きちんと数字を残すことで、「前回より熱が高い時間が長いな」といった小さな変化に気づくことができ、病院に行くかどうかの判断をつけられます。また、万が一容体が悪化したときも、お医者さんに経緯をくわしく説明できるでしょう。

子どもの身体は、大人とは違います。まだまだ不完全でか弱い存在ですから、ちょっとした風邪が重篤化してしまうこともある。些細な変化を見逃さないよう、気をつけてあげましょう。

安全にはとことん神経を使う

子育てには「正解」はありませんが、「命を守ること」だけは絶対的な「正

解」です。目を1秒離せば事故が起きてしまう子どもだからこそ、99%の安全ではダメ。100%を目指さなければならないんです。

もちろん、「私がちゃんと注意するから大丈夫」なんて油断も禁物。「危ないから触ったらダメよ」「気をつけてね」ですんだら、子育ては苦労しません。

「ダメ!」と叱らなくていいよう、家の中から危険を取り除いておきましょう。

私が家から撤去したもの、使わなかったものは126~127ページの表のとおり。これでもほんの一部ですが、参考にしてみてください。

「あれもダメ、これもダメ」と徹底しているように思われるでしょうか。

たしかに、こうして「1%」をつぶしていくのは面倒な作業です。「子どもの安全を守ること」は、「大人の便利を捨てること」でもありますし、自分の好きなインテリアを諦めなければならなかったりして、ストレスを感じるかもしれません。

実際、これらのルールを守らなくても、99%は大丈夫でしょう。

でも、あらゆるアクシデントは「見過ごした1%」の中にひそむもの。100%の安全を目指すことは、親の務めだと私は思います。

0歳から6歳までは、いつでも死と隣り合わせ。

ごはんが適当でも、多少ホコリが舞っていてもいい。安全だけは、手を抜かないでくださいね。

―――― 100％の安全を目指そう！ ――――

佐藤ママ流危ないものリスト

台所	
ピーナッツ	子どもの気管にすっぽりはまる大きさのうえ、水分を吸うと膨らむので窒息につながるおそれがあります。同じく、ゼリーも食べさせませんでした
つまようじ、竹串、フォークなど先が尖ったもの	持ちながら転んだら大ケガになるので、ケーキを食べるときもスプーンを使っていました。お箸も、食べ終わったら即片付けます
片手鍋	コンロから飛び出している持ち手は、子どもにとって「気になる存在」。でも、ひとはねの油で顔にやけどが残ることも。小林カツ代さんも、料理研究家にもかかわらず、お子さんが産まれたときに片手鍋を撤去したそうですよ
流しの下の包丁	コンロ近くの棚に収納場所を変えました。流しの下は子どもが開閉するので、基本的にものを入れません
湯沸かしポット	蒸気でやけどします。テーブルの上に置いていても、コードを引っ張って落とすことがあるので危険です
薄いコップ	割れたときに破片が飛び散るものは使いませんでした
リビング	
画鋲	深く刺していても、いつ取れるかわかりません。紙類を留めたいときは、テープで代用していました
アイロン、ホットプレート	やけどの危険あり。子どもが産まれてからは、ブラウスにも、ハンカチにも、アイロンは一度もかけませんでした。また、同じ理由で焼肉屋にも連れていきませんでした

ヒモ	首に巻き付いて窒息する事故を防止するため、パーカーやパジャマのヒモは買った瞬間に抜いていました
水まわり	
残り湯	数センチの水があれば子どもは溺死してしまいますから、水まわりにはとにかく神経を使いましょう。お風呂の残り湯を洗濯に使うのもやめ、次の人が入るまで時間が空くときは、その都度お湯を抜きます。「水道代が高くつく」と思うかもしれませんが、子どもの命には代えられません
洗濯機	ドラム式洗濯機の中に入って窒息してしまう事故が多発しています。ドラム式は子どもが大きくなってから使ってください。高校生は頼んでも入ってはくれませんから。また、縦型の場合も、洗濯機のまわりにステップとなるような台を置かないようにしましょう
車	
チャイルドロック	内側からはドアが開かないようロックする仕組みで、子どもたちが小学校の高学年になるまで使用していました。大人が乗り降りするときにもいちいち外からドアを開けなければならないのでかなり不便でしたが、走行中にドアが開いて転がり落ちてしまったら大変なことです
車を離れない	子どもを置いてコンビニなどに寄らずにすむよう、車の中にはいつも食べものと飲みものを用意していました。子どもを車に乗せたままエンジンを切って熱中症になる事故もありますし、エンジンをかけたままにしておけば誰かに乗り込まれて誘拐されるかもしれません
駐車場	とくに祖父母の家に行った場合など、子どもがいる生活に慣れていない人の運転には要注意！　後ろを確認せずにバックするなど思わぬ事故に

第5章

子どものためになる幼児教育、習いごと

幼児教育は「とりあえず」はじめてみる

公文やおけいこごと、「右脳開発」に代表される、早期の幼児教育。

「子どものために受けさせるべき？」

「のびのび育てたほうがいいのでは……」

など、悩むお母さんも多いのではないでしょうか。

幼児教育を受けさせるかどうか。これはもちろん各家庭の方針ですから正解はありません。

ただ、私がアドバイスするとしたら、「多少なりとも興味があるのであれば、とりあえず一歩を踏み出してみて！」です。

じつは私も、幼児教育を受けさせるかどうかかなり悩んだ口。なぜ悩んでいたかというと、「よくわからなかったから」です。

自分が小さいときにバイオリンを習っていたら、その世界についてはなんとなくわかります。だから、子どもにバイオリンを習わせるかどうかも判断しやすい。でも、私は田舎に育ち、幼児教育など受けずに育ったため、「その世界」がどういうものかわからなかった。「やったほうがいい」と判断できなかったのです。

それに、教育にはお金もかかります。幼児教育の弊害を主張する声も当時からありましたから、夫に（珍しく）相談しました。すると夫は、こう言ってくれたんです。

「興味があるなら、いろいろ試してみればいいよ。もしひとつがダメでも、いろんな教育のいいとこ取りをすればいいじゃない」

「きっと『これをやれば完璧な子どもが育つ』なんて教育はないし、ひとつの方法論が自分の子にすべて当てはまることなんてないんだから、とりあえずなにかやってみよう。合わなかったら、やめればいいいんだから」

普段は夫に文句ばかり言っている私ですが（笑）、そのポジティブな考えに妙に納得してしまいました。その言葉に背中を押され、長男が1歳4ヵ月のとき、公文の門を叩いたのです。

結果として我が家は公文のやり方が合っていたので「いろいろ試す」ことはありませんでしたが、よそのお子さんを見ても夫の考え方は正しかったと実感しています。Aというやり方は合わなかったけれど、Bというやり方に変えたらぐんぐん伸びた、という子もいましたから。

幼児教育の是非や選び方については、講演でもよく聞かれます。どうやらみなさん、一度踏み入れた世界は突き詰めなければならない、と考えていらっしゃるよう。だから幼児教育をはじめるべきか、どの教室を選ぶか、考えすぎて行動に移せなくなってしまうんですね。

そんなお母さんはぜひ、「やる」と「やらない」の二択ではなく、「やってみる」というもうひとつの選択肢があることを知っておいてください。

はじめた以上、ちゃんと成果を出さなきゃ。「よくできる子」にしなきゃ。……そんなふうに気負わなくていいんですよ。お母さんがそんなに深刻になっては、子どもも楽しめません。

「ちょっと新しい世界をのぞいてみようかな」

「とりあえずやってみて、子どもが暗い顔をしたままだったり、泣いて嫌がるようだったらやめてもいいや」

これくらい軽い気持ちではじめてみてはいかがでしょうか？

結果的にやめることになっても、落ち込む必要なんてありません。「合わなかった」とわかるだけでも儲けもん、ですから！

新しい習いごとは、軌道に乗るまで半年

「とりあえず」ではじめた幼児教育。もちろんすぐにやめてしまっては、合う、合わないもわかりません。ある程度の期間は続けてみることが大切です。目安としては、「半年」。これは幼児教育だけではなく、スポーツや音楽でも同じです。新しく習いごとをはじめるときは「軌道に乗るまで半年」と肝に銘じ、のんびり構えましょう。

くれぐれも、「この子には向いていない」とすぐに判断したり、「どうしてできないんだろう」と焦ったり、よその子と比べたりしないこと。ここでも「ま、いっか」の精神が大事です。

我が家の子どもたちも、習いごとに関しては「ま、いっか」の連続でした。まずは1歳4ヵ月、あと2ヵ月で次男が産まれるというタイミングで公文をはじめた長男（私のお腹も大きくなってなかなか外に遊びに行けず、2人きりで時間を持て余していたのでちょうどよかったんです）。

ご存じのとおり、公文では子どもに宿題が出されます。長男にははじめ、グルグル模様の線をなぞるプリントが10枚出されました。でも、生まれてはじめて鉛筆を持つ1歳の子どもが、すぐに言われたとおりに書けるはずがありませんよね。

ここで無理やり鉛筆を持たせ、机に向かわせたら、公文がイヤになってしまうかもしれない――。そう考えた私は「とりあえずママがやっておくね」と言って、長男の代わりにグルグルを書いてあげたんです。「先生には自分でやったことにしておいてね」と耳打ちして（笑）。

しばらくは10枚すべて私が書いていたのですが、子どもながらに罪の意識を感じはじめたのか、私がグルグル書いている姿を見て自分もやってみたくなったのか。1ヵ月経ったころ「ぼく、1枚やる」と言ってきました。

「はい、じゃあ1枚どうぞ」と言って渡し、残りの9枚は私がやる。しばらく経つと「もう1枚やる」と言うので、私が8枚。「もう1枚」……というふうにだんだん数が増えていき、だいたい半年で10枚とも自分でやるようになりました。

「公文のある生活」が、半年かけて定着したわけです。


また、我が家の子どもたちは4人ともスイミングスクールに通っていましたが、三男は水に入るまで3ヵ月もかかりました。なんと、その期間はずっとプールサイドで泣いていただけだったんです。

3階ほどの高さにある保護者の観覧席まで聞こえるほど、大声で泣きわめく三男。水をちょろっとかけられるのも嫌がったものですから、毎回ほっぺただけ涙で濡れ、あとは全身カラッと乾いた状態で更衣室に帰ってきていました。

ただレッスン代をムダにしているだけのように見えるかもしれません。でも、私は「ま、いっか」と気にしませんでした。

大丈夫ではないから泣いているので、「大丈夫だよ」とは言いません。

プールサイドでじゅうぶんにがんばっていますから、「がんばって！」とも言いません。

もちろん、「どうしてできないの！」なんて絶対に言いません。

ただ、「お疲れさま」とタオルでふんわり包んであげました。

小さな子にとっては、プール程度の深さでも呑み込まれそうで怖いんです。恐怖心との折り合いがつかないのに、親が励ましても叱っても「入ろう」とは思えないでしょう？

だから、彼が自分で納得して「入ろう」と腹をくくるまで待つことにしました。矛盾しているようですが、「いつか泳ぐようになるだろう」と思ったし、「泳げなくてもいいっか」とも思ったんです。いずれにしてもいまは待とう、と。

逆に、「この子に水泳は向いていないんだ」「あんなに泣いて可哀想だから」とやめさせることもしませんでした。親が勝手に「できない」と決めつければ、これから生えてくるかもしれないその子の芽を摘むことになってしまいますから。

そうして周りのお母さんたちと「今日もまだ泣いてるね」と笑いつつ見守っていた、４ヵ月目のこと。ようやく決心がついたのか、いきなりプールに飛び込んだんです！　そこからはぐんぐん伸びていき、最終的には４種メドレーをすいすい泳げるようになりました。

子どもにとっては、どの習いごとも生まれてはじめての経験です。新しい環境に適応するのに、とにかく必死。生活の一部になるまで、時間はかかります。長男の公文や三男の水泳のように、なにも身にならない期間は「せっかく月謝を払っているのに……」とやきもきしてしまうかもしれません。でも、なにもできていないようで、彼らの中では着実に変化が起こっているはず。

いつもと違う環境で、いつもと違う友だちに囲まれながら、いつもと違うことに臨む。それだけでもじゅうぶんに刺激的な経験ですよね。ですから、半年はじっと待ち、それから次を考えてみてください。

ただし、ここでもうひとつお伝えしたいのは、「時間的にも余裕を持ってはじめたからこそじっくり待てた」ということです。わんわん泣いている三男を見て「ま、いっか」と思えたのも、彼がまだ3歳という年齢だったから。これが小学1年生だったら、

「もうすぐプールの授業が始まるのにどうしよう」

「学校でもこうだと体育の時間が苦痛になってしまう」

と、私のほうがおろおろしてしまったかもしれません。

子どもはお母さんのことが大好きです。「どうしよう」がにじみ出たお母さんの顔を見れば、「自分のせいだ」と傷ついてしまいます。

ですから、とくに小学校の授業に関係する習いごとは、子どもがつまずいても「ま、いっか」と思える時期にはじめること。そうすることでお母さんに余

裕が生まれ、子どもものびのび楽しく取り組めます。

楽しくないと、子どもはなかなか前に進みません。前に進まないと、余計つまらなくなる。結果、「もうイヤだ！」と投げ出したくなっちゃうんです。

習いごとでも、お母さんが余裕を持つことが子どもを伸ばすコツなんですね。

楽しく学校に行くための「3年スパン計画」とは？

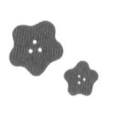

勉強面で言えば、我が家は「3年先取り」を目標にしていました。つまり小学1年生（6～7歳）で習うことは3歳でマスターしよう、というわけです。
しかしこれは、決して「教育ママ的」な発想ではありません。ただ子どもに楽しく学校に通ってほしいから！　なのです。

どういうことかというと、たとえ6歳まで一切「読み・書き・そろばん」に触れずに過ごしてきても、小学1年生になれば強制的に「勉強」がスタートします。そしてテストを受ければ、どうしても「できる子／できない子」の差は明確になってしまう。

6歳という幼い子が、しょっぱなから「自分はできない子だ」と劣等感を抱えれば、そのまま勉強が嫌いになってしまいます。そして学校は授業時間が大半ですから、さらにそのまま「学校嫌い」になる。毎日が憂鬱になってしまうんです。

一方で、「自分はできる」と自信を持てる子は、授業も楽しく受けられます。自己肯定感も高まるし、学校が好きになる。きっと毎日、元気に登校できるでしょう。

学校生活を楽しく過ごせるかどうかは、授業を好きになれるかどうかにかかっている。――そう考えた私は「読み・書き・そろばん」について3年先取りすることにしたのです。

「3年先取りは早すぎるのでは？」と思われるかもしれません。でも、中途半端な先取りでは、すぐ授業に追いつかれてしまいます。それに学問は積み重ねていくものですから、先取りすればするほど、先生のおっしゃっていることが深く理解できる状態になる。子どもだって、理解できることはもっと知りたいと思うものです。「もっと知りたい」に任せて、どんどん先に進んだほうがいいんですね。

また、3年先取りをするために、私は「ゆるい計画」を立てました。

- 1歳から3歳まで……ひらがなをマスターする
  1ケタの足し算ができるようになる
- 4歳から6歳まで……公文式で小学校4年生のレベルまで進む

ポイントは、目標を「3年スパン」で設定しているところ。目標自体ははっきりと設定しつつも、このゆるい「幅」があることで、「いまできなくてもいいや」「来年、遅くとも再来年にはできるようになっているだろう」と楽観的になれるのです。

もし目標が1年刻みに細かく設定されていたら、「いまできなくてもいいや」と思えません。親子ともどもプレッシャーを感じてしまうでしょう。

ちなみに、私が子どもたちの習いごとに水泳を選んだのも、なにより「学校を楽しんでもらうため」でした。

水泳の授業って、泳げる子と泳げない子でわかりやすく差がついてしまいますよね。泳げない子にとってはかなりしんどい時間で、「水泳がある日は憂鬱」という子が少なくありません。私自身、暗澹《あんたん》たる気持ちで授業に臨んでいたタイプでした（笑）。

ですから、「子どもが4歳になったら水泳をはじめよう」と決めたのです。泳げないと命にかかわるということもありますが、学校生活においても「泳げてよかった！」と思うことは絶対にありますから。

子育ては「タイミング」と「旬」を逃さない

子どもには、「後付けできない力」と「後付けできる力」があります。私が気をつけていたのは、前者をできるだけ先に育て、後者を後回しにすること。子どもを伸ばすための、適切なタイミングを逃さないことが大切だと考えたのです。

まず、「後付けできない力」とはなにか。

先に述べた「歯・箸・鉛筆」に加え、学力や思考力の基礎となる力です。

41ページでは新聞で読んだ高齢者の方のお話をしましたが、子ども時代は

「基礎となる知識をインプットするタイミング」。そして、「その知識によって考える力をつけるタイミング」です。

子どもの頭はやわらかいうえに、乾いたスポンジのように学んだことをぐんぐん吸収していきます。ほら、子どもってアニメのキャラクターや電車の名前などに、ときどきびっくりするような記憶力を発揮したりするでしょう？ しかし、一緒にそのアニメを見ているはずの大人たちは、なかなかキャラクターの名前が頭に入ってきません。私たちのスポンジは、もうぐっしょり濡れている状態なんですね。

つまり、同じ学習内容でも、幼いときのほうがずっと無理なく身につけられる。

この貴重な時期に、いかにより多くの、質のよいインプットをさせてあげられるかが鍵なのです。

一方で、「後付けできる力」の代表が「家事」です。

ちまたでは掃除や洗濯、料理など、「お手伝いという名の家事」をする子を「いい子」とすることが少なくありません。たしかに子どもが家事の戦力になってくれれば「一人前感」がありますし、お母さんはラクでしょう。

でも、伸びざかりの子どもがすべきことは、本当に家事なのでしょうか？それは、「今」じゃなきゃダメでしょうか？

私はやはり、知識を蓄え、考える力を伸ばすことのほうが、「今しかできないこと」だと思います。

103ページでも書いたとおり、「家のこと」や「身じたく」「準備」は必要に迫られれば後付けでもじゅうぶん身につく能力です。実際、私は子どもたちにまったくお手伝いさせませんでしたが、上京前に1週間ほど簡単に教えただけで、みんなそれなりに家事をこなしていますよ（勉強は1週間教えたからといって、どうにかなるものではありませんよね）。

そして、後付けできるようでできないのが、「遊び」。我が家では「遊ぶタイミング」を逃さないよう、おもちゃもほしがるものはほとんど買ってあげました。

まず、「おもちゃをほしがり、おもちゃで遊ぶこと」自体が、人生のなかでも本当に短い期間のことです。ちゃんとその経験をしてもらい、楽しい子ども時代を過ごさせてあげたかったんですね。

それに、2歳でほしがったおもちゃも、3歳では見向きもしなかったりします。もったいないとも言えますが、これはつまり好奇心にも「旬」があるということ。ガマンさせるうちにその旬が通り過ぎてしまうのは、さらに「もったいない」ような気がしたんです。

せっかく「遊びたい！」とワクワクしているのだから、お母さんはその好奇心をできるだけ叶えてあげましょう。ちょっと大きくなると、キャッキャとはしゃぐ姿もなかなか見られなくなりますよ！

習いごと・幼児教育でその子の個性を見抜く

早めに習いごとや幼児教育に取り組むメリットのひとつに、「その子の個性が見えてくること」もあります。これは、きょうだいがいると顕著なのですが、本当にそれぞれでおもしろいんです。

我が家の子どもたちはバイオリンを習っていましたが、とくに長男と次男は性格の違いが見事に音で表現されていました。長男は几帳面で、譜面どおりにきちっと仕上げるタイプ。暗譜も正確ですが、音楽としてはおもしろみに欠けるところがありました（笑）。

一方の次男は、大道芸人のように踊りながら弾くんです。いつも先生に注意

されていましたし、音を外すことも多いのですが、聴いていて楽しい。また、4人の中ではもっとも耳がよく、聴いた曲を「耳コピ」する力がありました。「この子は耳がいいな」と思っていると……案の定、英語のリスニングは大の得意でした。

しかしこの次男、公文ではとにかく漢字を覚えるのが苦手だったんです。なんというか、全体を「映像」で捉えるのが苦手だなと思っていると、中学校でやはり英単語の暗記に苦労することに。なかなか文字列を覚えられず、何回同じ単語を書かせたかわかりません（ちなみに、長男は暗記で苦労したことはありませんでした）。

バイオリンや公文によって、「努力してきちっと仕上げる物覚えのいい長男」、「なんでも気楽に取り組み、耳はいいけど目が悪い次男」という姿が、小学校に入る前からしっかりあぶり出されていたわけです。

習いごとや幼児教育に取り組むことで、だんだん「この子はどういう個性を

持っているか」が見えてきます。こうした個性は親の育て方というより、持って生まれた性質によるものでしょう。だから、ありのままを受け入れてあげるしかない。

ただ、その子の個性が勉強や学校生活にどう影響していくか想像したり、どう活かしていくか考えたり……親も心の準備ができるし、先回りしてフォローできます。

この点でも、習いごとや幼児教育には早めに取り組む価値がある、と言えるかもしれません。

習いごとを選ぶ3つのポイント

選択肢が多い今の時代、どんな習いごとをさせるか頭を悩ませているお母さんは多いことでしょう。どれも「よさそう」に見えるわけですが、習いごとは幼児教育と違って、とりあえず手当たり次第にはじめてはダメ。あらかじめ、ある程度の目標を立てやすい習いごとで「なんとなくはじめてすぐにやめる」を繰り返しては、子どもも混乱してしまいます。

そこで私なりに考えた、習いごとをさせるうえでおさえておきたいポイントは次の3つです。

①子どもの個性は気にしない

最近は「子どもの個性を伸ばすこと」が至上命題のように語られていますから、意外に思われるかもしれません。

でも、「まずは、個性は無視していい」。なぜかというと、習いごとを選ぶ段階では、本当の個性などほとんど見えていないから。かえって「この子はこういう性格」と決めつけ、色眼鏡で見ないほうがいいかもしれません。先ほどお話ししたとおり、「習いごとをとおして個性を見つけよう」と気楽に構えてください。

また、ある程度の知識や考える力がなければ、社会に出たとき個性を発揮するどころではありません。ですからまずは、どんな人生でも、どんな人でも必要となる、基礎力（読み・書き・そろばん）から身につけさせましょう。そのしっかりとした土台があってこそ、「その子ならではの力」が社会で花開いていくのです。

②詰め込みすぎない

講演をするようになって気づいたことのひとつが、習いごとを「させすぎ」なお母さんがとても多い、ということ。公文、英語、プログラミング、水泳、ピアノ……。最近は子どもの数が１人ないし２人の家庭が多く、時間的にも融通が利くという事情もあるでしょう。

でも、子どものキャパシティは昔と変わりません。

いろいろと手を出して「なかなかモノにならない」「うちの子は全然練習しない」と悩む前に、子どもに無理をさせていないか考えてみてください。

私は教育ママで勉強ばかりさせていたようなイメージを持たれがちですが、子どもたちが小学4年生で塾に行き始めるまでは、毎日30分の公文とバイオリンの練習、そして週に1回の水泳以外、すべて自由時間。みんなでずーっとワイワイ遊んでいました。振り返ってみても、とてもゆるいスケジュールです。

なぜこうした「ゆるさ」が必要かというと、子どもには、たっぷりの「なにも決まっていない時間」が必要だから。「今日はなにをして遊ぼうかな!」と自分の頭で考える、空白の時間がその子を成長させるからです。常になにをするか決まっている状態だと、想像力も育たないし、それこそ「指示待ち人間」になってしまうでしょう。

それに、習いごとを詰め込めば、子どもだって過労状態になってしまいます。

そうなると、ワガママを言い出したり、癇癪を起こしたりすることもある。きかん坊になるのは、子どもからのSOSかもしれません。

「あれもこれも」と子どもの可能性を伸ばしたい気持ちはとてもよくわかります。

でも、習いごとを厳選して自由時間を確保してあげるのも、お母さんの大事な仕事なのです。

③いい先生を探す

幼児教育を含め、習いごとは「なにを習うか」だけでなく「誰に習うか」がとても大切です。ただ家から近いとか、仕事の時間と都合がつくといった親の事情で選ぶと、後悔することが多いんです。

たとえば同じ公文でも、先生のやり方によって子どもの伸びはまったく違います。私が重視したのは、先生の実力（幼児教育の場合は学歴も含む）に加えて、次の3点でした。

- 子どもに合わせて教え方を柔軟に変えてくれること
- 子どもと相性がいいこと
- お母さんときちんと話してくれること

我が家の4人きょうだいがお世話になったお二人の公文の先生は、これらを満たす本当にすばらしい方でした。この先生方に習うため、わざわざ家から少し離れた教室に通っていたくらいです。

たとえば、長女は公文に通い始めると、兄たちの誰よりも早くひらがなを覚えていきました。ところが、スラスラ書ける文字もまったく読めない。「この字、なんて読むの？」と聞いても、「うーん……」。

公文は普通、書けるだけでなく読めないと先に進めません。でも、この先生は「同じところを繰り返してもつまらないから」と、なかなかひらがなを読まない長女もどんどん先に進めてくれたのです。

そんな先生に導かれて、娘はいつも楽しそうに鉛筆を握っていました。先に進むよろこびは、やる気にもつながるんですね（結局、娘が3歳になり、小学1年生レベルに進む手前まで来たところで「ここからはさすがに読めないと先に進めないんです」とおっしゃったので、ようやく本腰を入れて読みの練習を始めました）。

どうすれば子どもが少しでも楽しく学べるか？　前に進めるか？

どんな習いごとでも機械的にこなすだけでなく、本当に親身になって考えてくれる先生を探してあげてください。

そして、お母さんは先生にすべてお任せにせず、二人三脚で子どもを見守りましょう。

子どもが伸びるかどうかは、やり方次第

私の教育方針のひとつに、「子どもが伸びるかどうかは、親のやり方次第」というものがあります。子どもの能力や先生の教え方ではなく、親の導き方にかかっているのだ、と。

このように私が考えるようになったのは、中学2年生のとき。新聞の特集で読んだ、音楽教室「スズキ・メソード」の創始者・鈴木鎮一先生の考え方に感銘を受けたのがきっかけです。

その考え方こそ、「子どもは伸びる、やり方次第」。14歳の私は、「そんなふうに考えてくれる大人がいるんだ！」と妙に感動してしまったのです。

それで、自分の子どもが産まれたら絶対にスズキ・メソードのバイオリンを

習わせようと決意。長男が産まれるとすぐに近くの教室に電話をかけました。そして鈴木先生の著作をすべて読み、講演会にも足を運ぶなかでさらに「親のやり方次第」という考えに共感を深め、私の子育ての基本方針のひとつとなっていったのです。

私が考える「やり方」のいちばんの基本は、「子どもにつらい思いもガマンもさせないこと」。子どもがつまらなそうにしていたり、叱らないと動かなかったりするのは、やり方が悪いということです。

たとえば公文のプリントをするとき。

子どもがなんだかんだと言い訳したり、逃げたり、鉛筆を握ってもまったく集中しないと嘆くお母さん、たくさんいらっしゃいます。

でもね、それだけ子どもが抵抗するということは、どこかやり方が悪いはずなんです。我が家の場合、こんな工夫をしました。

・朝は苦手なので、勉強はさせない

⇦ **子どもが機嫌よく勉強する時間を見つける**

・その日やる公文のプリントは、一人ひとり机の前に吊して用意してあげる

⇦ **スムーズに着手できるようにする**

・多少体調を崩しても、3日以上は休ませない

⇦ **習慣を崩さない、例外はつくらない**

・「○時からはプリントの時間」と朝から伝えておく

⇦ **その時間以外はめいっぱい遊べるようにする**

この方法のおかげか、子どもたちは「やりたくない！」と駄々をこねることはありませんでした。

もし、子どもがやるべきことをやりたがらなくても、叱らないであげてください。そして、「なぜ嫌がるんだろう？」と考え、やり方を変えてみましょう。

- いきなりレベルが高すぎることをさせていないか？
- 先生との相性は合っているか？
- プレッシャーがかかるような声かけをしていないか？
- ほかの子やきょうだいと比べていないか？

……など、なにが原因で子どもから笑顔が消えているのか、見直してみてくださいね。

おわりに

みなさん、毎日の子育てを楽しい、と思っていらっしゃいますか？　子どもが小さいうちは、あれもしなければ、これもしなければと焦りながら、思うようにできないことも多いでしょう。それで、「なぜ自分はできないのだろうか」と、落ち込んだりしていませんか？

私も、初めはそうでした。自分の家事能力や育児能力のなさが原因だ、と暗くなったりしたこともありました。

でも、よく考えると、私の持ち時間はそれまでと同じ24時間なのですよね。

私自身も寝ないといけないし、家事に使える時間はそんなにありません。それに、子どもにとっては、お母さんが掃除に時間をかけてきれいになった部屋で自分1人で遊ぶより、片付いていなくてもお母さんと遊ぶほうが幸せなんですよね。

それで、私は決めました。世間では「今日できることは、明日に延ばすな」と言うけれど、私は、「明日できることは今日しないぞ」と。

たしかに、子どもの靴下や下着など、タンスの引き出しにズラッときれいに並べると気持ちいいでしょう。でも、そんなのできないときだってある。そういうときは、「まっ、今日の一枚があればいいか、十分だわ」と考えることにしたのです。

「まっいいか」と思えるようになると、すごくラクな気持ちになり、一日中子どもと楽しく遊べます。余裕も持てて、子どもをかわいく思えます。小さな子どもは、なんといっても「お母さんと一緒」が大好きですから、親子ですごく、幸せになれるのです。

とくに、小学校入学までの時間は、親子がずっと一緒にいることのできるキラキラ輝いているときです。

お母さんが「いつも楽しいなぁ」と思えるためにも、家事は、ゆる〜く。育児も、ポイントだけ押さえたら、あとはラク〜にすることがコツです。

この本をお読みになって、ラクに、ゆる〜い子育てを満喫してください。

私は、子育てのゴールを、子どもたちを社会に送り出し、自分で生きていけるよう「自活」させることだと考えてきました。

子どもの目標はそれぞれ。東大理Ⅲに合格することでもいいし、スポーツ選手としてオリンピックに出ることでもいいし、好きな職業につくことでもいいと思います。

ただ、受験対策を含め、子どもが努力し続けられるのは、きちんとした人間としての土台があってこそ。付け焼き刃ではむずかしいのです。

だから、0歳から6歳というのは本当に大切な時期。そしてお母さんの力の見せどころでもあります。子どもたちが一人前になった今、寂しいことですが、私がしてあげられることはもう少ないんですね。この本を書くことで、大変だったけれどとても楽しかった幼少期の子育てを、あらためて思い出すことができ、とても幸せでした。

フジテレビの『ノンストップ！』という番組で、中央公論新社の三木哲男さんとご一緒させていただいたご縁で、この本を出版させていただくことになりました。同じく中央公論新社の川口由貴さんとライターの田中裕子さんに、このような素敵な本に仕上げていただきました。また、はるな檸檬さんには、かわいいイラストを描いていただいて感激です。

この本の出版にあたりまして、みなさまに感謝いたします。
お母さま方が、肩の荷をスーッと下ろされ、より幸せな子育てをされますことに、この本がお役に立てれば、これ以上の幸せはありません。

2018年3月

佐藤亮子

本書は書き下ろしです。

佐藤亮子（さとう・りょうこ）
大分県生まれ。浜学園アドバイザー。奈良県在住。長男・次男・三男・長女の4きょうだい全員が東京大学理Ⅲに合格。専業主婦として子どもたちの受験のすべてを計画的にサポートする。著書に『3男1女東大理Ⅲ合格百発百中　絶対やるべき勉強法』『志望校は絶対に下げない！　受験で合格する方法100』『東大理三に3男1女を合格させた母親が教える　東大に入るお金と時間の使い方』『東大脳を育てる！　読み聞かせ絵本100』など。

3男《なん》1女《じょ》東《とう》大《だい》理《り》Ⅲ《さん》の母《はは》
私《わたし》は6歳《さい》までに子《こ》どもをこう育《そだ》てました

2018年4月25日　初版発行
2020年11月30日　5版発行

著　者　佐《さ》藤《とう》亮《りょう》子《こ》
発行者　松田陽三
発行所　中央公論新社
〒100-8152　東京都千代田区大手町1-7-1
電話　販売　03-5299-1730　編集　03-5299-1740
URL　http://www.chuko.co.jp/

ＤＴＰ　今井明子
印　刷　図書印刷
製　本　図書印刷

Published by CHUOKORON-SHINSHA, INC.
Printed in Japan　ISBN978-4-12-005074-9　C0095